KB248148

명품 서비스가
답이다

명품 서비스가 답이다

초판 1쇄	2014년 11월 28일
지은이	권순용
발행인	김재홍
디자인	박상아, 고은비
교정·교열	안리라
마케팅	이연실
발행처	도서출판 지식공감
등록번호	제396-2012-000018호
주소	경기도 고양시 일산동구 견달산로225번길 112
전화	02-3141-2700
팩스	02-322-3089
홈페이지	www.bookdaum.com
가격	15,000원
ISBN	979-11-5622-056-5 13190
CIP제어번호	CIP2014032452

이 도서의 국립중앙도서관 출판시 도서목록(CIP)은 e-CIP 홈페이지(http://www.nl.go.kr/ecip)에서 이용하실 수 있습니다.

명품 서비스가 답이다

권순용 지음

지식공감

Contents

1916년 미국의 Memphis, Tennessee가 세계 최초 슈퍼마켓인 Piggly Wiggly를 탄생시킨 후, 거의 1세기 동안 숫자를 셀 수 없을 정도로 '생로병사의 라이프 사이클'을 거쳐 부침을 거듭하고 있으며, 영욕의 시간을 지금도 이어가고 있는 것이 유통 생태계의 모습이다.

각종 통신기기와 과학분야의 지속적인 발전과 더불어 소통 수단의 발달에 의해, 진화의 끝이 어디인지를 예측할 수 없을 정도로, 변화의 바퀴는 오늘도 쉬지 않고 돌아가고 있다.

머지않아 '상상이 곧 현실이 되는 시대'를 바라보고 있는 시점에, 모든 비즈니스는 서비스에 의해서 승패가 좌우될 정도로 서비스가 중요시되게 되었다. 이에 저자는 '명품서비스가 쫌(답)이다!'라는 책을 출간하게 되었다. 저자는 30여 년간 기업 현장에서 직원으로서 배우고, 때로는 컨설턴트로서 가르치며 깨달은 경험을 바탕으로 책을 집필하게 되었다.

앞으로 비즈니스 세계에서는 서비스 경영학이 경쟁력의 중요한 이슈가 될 것이다. 서비스 경영학은 '고객의, 고객에 의한, 고객을 위한' 학문이며, 내부 직원의 마음을 사로잡고 움직여서 고객에게 무한 감동을 선사함으로써 기업의 목표를 달성할 수 있게 되는 것이다.

성장의 축에는 반드시 고객과 함께 동행해야 한다는 조건이 필요하다. 아울러 기업의 운명을 거머쥔 고객을 감동시켜야 하는 숙명을 가짐은 물론, 고객 만족에 커트라인은 존재하지 않는다는 사실을 인지해야 한다. 따라서 고객 만족에 마침표를 찍지 말고, 지속적으로 차별화된 고차원적 깜짝 서비스로 기업의 운명이 다하는 날까지 행동으로 보여주며 소비 주권자들의 엄정한 평가를 받아야 한다.

미국 컬럼비아 대학교 MBA 과정에서 우수 기업 CEO를 대상으로 "당신이 성공하는 데 가장 큰 영향을 준 요인은 무엇인가?"라고 질문한 결과, 놀랍게도 93%가 능력, 기회, 운(運) 등이 아닌 '매너'를 꼽았다. 이는 곧 개인의 성공뿐만 아니라 비즈니스에서도 똑같이 매너가 중요시되며, 성공에 대한 결과는 고객을 배려하는 서비스를 어떻게 실천하는지에 좌우된다고 볼 수 있다.

서비스는 한 마디로 역지사지(易地思之)라고 할 수 있다. 이는 직원이 고객의 입장이 되었을 때, 어떻게 행동해야 '만족을 넘어 무한 감동으로 경험하게 할 것인가'를 의미한다.

유통의 꽃은 고객 만족을 창출하는 것이며, 이를 통해 고객으로 하여금 가치를 느끼게 하는 것이다. 이를 위해 고객의 마음을 헤아리는 관찰력과 이를 토대로 맞춤 서비스를 바로 실천한다는 의식이 중요하다. 즉 고객의 블랙박스(무엇을 원하고, 필요로 하는지)를 파악하여 철저히 배려하는 信實(신실 : 참신하고 성실)한 서비스인으로서의 자세를 가져야 한다. 또한 지속적인 자기 성찰과 계발을 통하여 최고의 경쟁력을 가진 '전문가'로 거듭남은 물론, 모든 일에 열정을 가지고 행동하는 '도전인'의 기상을 보여야 한다.

1,000명의 유능한 세일즈맨보다 한 번 만족시킨 고객이 바로 최고의 세일즈맨이며, 미래를 보장할 안전한 보험임을 명심해야 한다. 이를 위해 친절과 웃음의 메아리가 서비스 현장에 365일 끊임없이 울려 퍼지도록 해야 한다.

이 책은 서비스 현장의 모든 직원들에게 경쟁력 확보를 위한 응원의 메시지를 담은 책이다.

서비스인이 행하는 감정노동은 직업적 판단과 전문가적 식견을 바탕으로 하는 고품격 브랜드이다. 그러므로 이 책을 통하여 자신과 조직의 과거를 돌아보고 현재를 짚어보며 미래를 통찰하는 혜안을 가져야 함은 물론, 남이 가지지 않은 DNA가 있는 네버엔딩 서비스를 보여줘야 한다.

이 책의 구성은 총 5장으로 구성되었으며 각 장별 핵심 내용은 다음과 같다.

첫 번째 장에서는 다양한 소비자의 욕구와 무한 경쟁을 해야하는 비즈니스 환경속에서 미래에 대한 트랜드를 읽고 지혜를 얻어

통찰력을 배양함으로써 유비무환의 자세를 가지는 기회를 가진다.

두 번째 장에서는 서비스 과잉의 시대에 생존을 담보하기 위해 서비스 현장에서 필요한 기본 지식을 학습하여 지혜롭게 실천하는 기회를 제공한다.

세 번째 장에서는 천의 얼굴을 가진 서비스가 천태만상의 고객을 상대하기 위해서는 프로가 보유해야 할 지식에 대한 학습과 실천을 통하여 감동서비스로 평가를 받기 위해 필요한 정보를 제공한다.

네 번째 장에서는 신의 소리인 컴플레인을 슬기롭게 응대하여 로열티 고객확보와 관리를 위해 Case Study를 학습함으로써 지혜로움을 얻음은 물론 고객을 읽는 힘을 키우는 학습의 장을 제공한다.

다섯 번째 장에서는 세계 서비스의 아이콘 기업들에 대해 벤치마킹을 통하여 베스트 프렉티스(최고의 사례)를 이해하고 최고, 최적, 최상의 서비스를 위한 Know What과 Know How를 학습함으로써 향후 비즈니스 운영에 대한 울림과 자극의 기회를 제공했다.

아울러 잘잘잘(잘 알고, 잘 행동하고, 잘 평가받아야 한다)서비스가 현장에 정착되어 최고의 명성을 얻기를 기대함은 물론 자극을 통한 동기부여를 제공함으로써 능동적인 서비스가 이뤄져 '서비스의 주인공은 나'라는 자부심과 긍지를 바탕으로 차별화된 경쟁력 확보를 위한 지침서가 되기를 희망한다.

메이저리그 스카우터들이 선수를 스카우트할 때 머리와 가슴,

그리고 배를 본다고 한다.

머리를 보고 야구에 대한 이해도(Intelligence)를 체크하고, 가슴을 보고 야구에 대한 열정(Passion)과 절박성을 확인하고, 배를 보고 어떠한 위기 상황에서도 실력을 발휘할 수 있는 배짱(Gut)을 보고 판단하여 스카우트하듯이 이 책을 읽는 모든 분들이 유통 서비스의 메이저리그 경기에서 최고의 선수가 되기를 기대한다.

전설의 무도인으로, 일본 공수도의 대가이자 자랑스러운 大韓人(대한인)이었던 故 최영의 선생의 가르침 중에 '어떤(무예) 기술에 대해 300번 연습하면 흉내를 낼 수 있고, 다른 사람에게 그 기술을 보여줄 수 있다. 3,000번 연습하면 실전에 쓸 수 있는 정도가 되고, 평범한 무술인을 상대로 이길 수 있다. 3만 번 연습하면 자신도 모르는 사이에 그 기술로 상대방을 제압하게 된다.'라는 말과 같이 스스로 자기를 단련하여 남이 가지지 않는 무기를 가져야 함을 의미한다.

고객서비스는 '고객을 감동시키는 것은 스킬보다 고객을 배려하는 마음이라는 진실을 기억하고 실천하는 자만이 최고의 서비스인으로 탄생할 수 있는 특권을 가지는 것이다.'라고 생각한다.

옛말에 의하면 웃음에 가난한 자가 없다고 했듯이 웃음은 나와 조직을 위한 최고의 마케팅이며, 성공의 열쇠이다.

웃음꽃으로 하루를 시작하며 웃음으로 감사하는 날들이 지속되기를 기대한다.

끝으로 책이 완성되기까지 지대한 관심을 가져 주신 지인 여러분과 든든한 후원자인 구임 씨, 항상 격려와 응원을 아끼지 않은 오랜 지기이자 아내인 정임과 사랑스러운 딸 희연, 그리고 언제나 믿음을 저버리지 않는 아들 용근에게 감사의 말을 전한다. 더불어 하늘 나라에 계신 부모님과 세상을 떠나신데도 찾아뵙지 못한 작은 외숙모님께 이 책을 바칩니다.

인생 3막의 1년을 회고하면서

2014.11.23

忠志 권순용

1

서비스 환경
변화의 물결

살아남는 것은 가장 똑똑하거나
가장 힘이 센 생명체가 아니라,
변화에 가장 잘 적응하는 생명체다.
—찰스 다윈—

◇◇◇

　새로운 창조와 차별화를 추구하는 현재의 유통 구조하에서 미래의 유통산업은 업종, 업태 간 경쟁이 더욱 치열하게 될 뿐만 아니라, 경기 침체의 장기화로 인한 소비자의 소비 위축과 소비패턴의 변화, 소비자 파워 증가가 대두되고 있다. 또한 IT기기의 기술 발전으로 인한 소비자의 스마트화 진전으로 쇼핑 방법의 변화 등이 숨가쁘게 변화의 바퀴를 돌리고 있으며, 속도를 제어할 브레이크 없이 질주하고 있다. 이러한 환경을 슬기롭게 돌파하기 위해서는 현재와 미래에 발생될 유통산업의 트렌드를 파악하고, 자사에 맞는 유통 체질을 만들어 선별적으로 접근하는 전략이 필요하다. 아울러 기업이 속한 환경의 트렌드를 읽지 못하면, 눈을 감고 자전거 페달을 밟는 모습과 같다고 할 수 있다. 철저한 약자 도태의 시대에, 기업 역사를 돌이켜 볼 때 기업 환경은 항상 원하는 방향으로 움직여주지 않았음에도 불구하고 장수하는 기업들의 비결은 무엇인가를 조사했다. 그 결과, 꾸준한 변화와 혁신없이 기존 질서와 패러다임에 안주하며 장수한 기업은 존재하지 않는다는 사실이 밝혀졌다. 특히 요동치는 변화의 파도를 타고 기업이라는 배를 운행하기 위해서는 반드시 트렌드에 대하여 선견 지명을 가지고, 트렌드라는 바람의 세기에 따라 닻의 방향을 바꾸어야만 원하는 목적지에 무사히 도착할 수 있다는 것이다.

'유통은 산업이 아니라 문화'라는 말이 있듯이, 소비자들의 기호와 취향에 따라 대응하여 다른 경쟁업체보다 한발 앞서서 What's New를 추구해야 한다. 따라서 변화는 숨쉬기운동이며 일일신(日日新), 우일신(又日新) 하며 선순환적으로 변화의 패턴과 구조(매일매일이 새로워지는 것)를 읽지 못하고 대처하지 못하면 '생존불가'라는 낙인의 스탬프가 찍힐 수밖에 없다.

미래학자 피터 슈워츠(Peter Schwartz)는 "변화를 예측한다는 것은 어려운 일이지만, 산업별 현주소를 면밀하게 분석하고 검토한다면 불확실한 미래를 인지해 보는 것은 가능하다."라고 했다. 따라서 유통에 부는 현재의 바람과 앞으로의 기상 조건은 어떨지에 대한 트렌드를 되짚어 볼 필요가 있다.

과거의 유통업은 업종/업태의 구분이 명확했으나, 점점 영역이 파괴되고 있다.

미국의 슈퍼마켓인 Target은 의류와 생활용품을 판매해 왔으나 2012년부터 식품 분야까지 상품 카테고리를 확대하였으며, Test 과정을 거쳐 본격적으로 론칭하고 있다. 이런 변화의 시도는 다음에서 기인한다. 기존에 취급하던 상품 카테고리 분야(의류와 비식품 분야)는 경기의 상황에 따라 영향을 받아서 판매부진으로 연결되는 경향이 강해지기 때문이다. 반면 식품 분야의 경우 호황 시에는 외식

문화가 성황을 이루지만 불황 시에는 Self Cooking(자체 요리)으로 변화할 뿐, 식재료는 반드시 구매해야만 생활이 가능한 품목인 것이다. 이런 상품 카테고리 확대 전략은 한마디로 리스크 회피 전략의 일환이며, 향후 유통업계에서 식품 분야는 점점 더 매력적인 카테고리로 취급 받는 추세라고 판단된다. 이런 추세를 반영하듯 최근 아마존은 '세상의 모든 것을 팝니다(The everything store)'라는 슬로건하에 '아마존 프레시(amazon fresh)'라는 로고를 새긴 아마존 자체 트럭으로 신선식품(달걀, 딸기 등)을 직접 배송해 주는 서비스를 2007년 시애틀에서 시범 운영을 하여 2014년 LA지역을 거쳐 뉴욕까지 서비스를 확대하고 있다. 향후 오프라인 매장까지 확대하는 공격 경영을 발판으로 본격적으로 유통 최강자에 도전하고 있다.

온라인 비중의 확대 증가 추세

미국 소매업 매출에서 온라인 매출 비중은 10%를 돌파하였으며, 아마존 등이 주도하는 온라인 시장의 성장에 오프라인 업체가 고전하고 있다. 특히 전 유통업의 아마존화(Amazonification)가 진행되고 있다. 더불어 전체 소매시장의 왕좌 등극이라는 야심찬 아마존의 질주로 인해 베스트 바이는 대규모 적자를 기록하고 있으며 쇼루밍현상(Showrooming : 오프라인 매장에서 상품을 보고 가격이 싼 온라인 몰에서 상품을 구매하는 행위를 의미)이 확산되는 추세에 있다. 이는 스마트폰 등 모바일 기기의 업그레이드와 각종 가격비교 앱의 등장이 변화의 불쏘시개 역할을 하고 있다. (WSJ, CNN)

■ 쇼루밍이 일어나는 단계

① 고객이 먼저 오프라인 매장을 방문하여

② 가격비교 앱을 통하여 Price Check(온, 오프라인 비교)을 행한다.

③ 어느 것이 더 경제적인가를 판단하고 상품을 구매한다. 주요 품목으로는 소비자 가전(39%), 의류, 신발(33%)의 비중이다. (Forrester Research, 2012)

④ 또한 이익 보전을 요구한다.

　예)상품 체험은 베스트바이에서 하고 실구매는 아마존에서 한다.

〈표1-1〉 쇼루밍 구매 비율 (출처 : The Harris Poll(2012))

방문매장	방문매장의 온라인몰 구매	아마존에서 구매
월마트	11%	64%
베스트바이	8%	71%
타겟	12%	72%

특히 아마존은 온라인 파워를 활용하여 당일 배송시스템을 확보함은 물론, 결제에서 배송까지 유통단계의 주도권 확보에 몰두하고 있는 상태이다. 아울러 온라인 아마존과 오프라인의 대표주자 월마트 간의 경쟁이 유통 판도를 뒤흔들 태풍의 눈이 되고 있다. 특히 아마존은 배송혁신을 통해 주도권 확보에 주력하고 있으며, 웹사이트 방문자의 월간 숫자에서 보면 애플, 월마트보다 2배 높은 실적을 보이고 있다. 우리 집의 식구 네 명도 식품을 제외한 나머지 상품에 대하여 인터넷 구매를 선호하며, 아마존 회원으로 가입되어 있음은 물론, 그쪽에서 구매하는 비율이 80% 이상에 육박하고 있다.

'왜 아마존을 선호하는가?'의 물음에 대한 대답은 믿을 수 있다는 것과 배송이 빠르며, 배송비가 무료이거나 다른 매체보다 저렴하다는 것이다. 또한 상품 교환에 대해서도 만족한다는 것이 한결같은 대답이다. 아울러 주변 친구나 동료들도 아마존의 거래 비중이 높다. 하지만 미국에서 온라인 매출이 현재 고공행진을 기록하고 있으나, 식료품 분야는 저조한 편이다. 이유는 오프라인에 비해 선택의 다양성이 적으며, 다소 비싼 가격 구조와 불안한 배달 시스템에 문제가 있는 것이다. 하지만 제품의 구색이 증가하고 있고, 무료배송 지역 확대, 제반 서비스 제도 개선으로 말미암아 소비자들의 호응도가 높아지는 단계이다. 또한 소매 체인들의 경쟁도 점점 심화되고 있다. 특히 소비자들의 선호가 쏠리는 이유는 교통 체증이나 주차 전쟁, 시간 낭비, 가스 소비, 기타 스트레스로부터 해방될 수 있으므로 직장인, 주부, 대학생, 실버 고객까지 선호의 폭이 증대되는 것이다. 아울러 가상 스토어 활용이 증가하여, 무점포 시대가 점점 가까워지고 있음을 알려주는 이유이기도 하다. 또한 온라인 쇼핑의 가장 큰 장점은 여러 마켓의 가격을 신속히 비교할 수 있으며 시간 품을 잘만 판다면 반값에 구입하는 것도 가능하다는 것이다.

PC와 스마트폰을 이용하여 수년 전 홈플러스가 개발한, 지하철 역에서 상품에 부착된 QR코드를 스캔해 오더하여 배달받는 시스템처럼, 제품의 바코드를 스캔해 식료품을 구입할 수 있는 모바일 앱을 '피포드(Peapod)'가 개발하여 시험 중이다. 미국 온라인 식품 유통업체 피포드(Peapod)는 필라델피아와 시카고의 시범 스토어에서 성공을 거둔 뒤, 보스턴, 뉴욕, 워싱턴 D.C를 비롯한 다른 지역에도 가상 스토어 100개를 설치할 예정이라고 밝혔다. 즉 다 먹은 상품 박스에 인쇄된 바코드를 앱으로 스캔하면 자동으로 해당 상품이 피포드의 장바구니로 들어간다는 것이다. 이를 통해 채소나 과일 등 신선 식품과 더불어 다양한 상품구색을 선택할 수 있는 서비스가 제공되면서, 하루가 다르게 개선이 이뤄져 매출 향상이 이뤄지고 있다.(출처 : 사실과 거리가 먼 사례들(작성자 : 박재항))

일부 업체들은 고객이 주문한 식료품에 대한 알레르기(allergy) 여부와 레시피 등까지 제공하는 맞춤 서비스로 각광을 받고 있다.

월스트릿 저널이 세이프웨이, 크로거, 아마존, 월마트 등의 온라인 스토어에서 시리얼, 우유, 포도 등 주요 14개 아이템의 구매 가격을 비교해 본 결과 차이가 나타났다.

〈표1-2〉 온라인 식료품 가격비교 (월스트릿 저널)

업체명	식료품 가격(14개)	세금	배송비	총 비용
모톤 윌리암스	$71.14	$1.63	해당무	$72.77
피팟	$59.01	$2.99	$6.96	$72.96
세이프웨이스토어	$65.92	$2.24	해당무	$68.16
세이프웨이닷컴	$59.71	$3.19	$12.96	$75.86
아마존프레시	$51.71	$0.42	$6.00	$58.13
월마트닷컴	$44.10	$2.57	$7.00	$53.67
크로거스토어	$56.17	$0.83	해당무	$57.00

또한 온라인 업체들과 대형 유통업체들은 온라인을 통해 해외 고객에게 제품을 판매하고 배달하는 사업을 추가로 구축했다. 이를 통하여 신시장 개척과 고객 발굴을 위해 적극적으로 나섬으로써 시장의 경계가 허물어진 상황으로 확대되고 있다. 특히 대형 백

화점인 메이시스(Macy's)는 해외 배송 시스템을 갖추고 해외 고객들이 온라인 매장에서 구매할 수 있는 체제를 구축했으며, 다른 유통업체들도 해외 고객 유치를 위해 해외 배송 서비스를 확대해 나가고 있는 추세이다. 이런 추세는 미국 시장에서 성장의 한계와 경쟁 심화를 해외 고객들을 상대로 극복함으로써 매출 확대를 하기 위한 것이다. 더불어 배송 업체들과 협력으로 해외 배송료 현실화와 시스템 구축이 가능했기 때문이라고 판단된다. IT기기의 첨단화와 인터넷 보급의 세계화로 해외 고객들이 직접 미국 유통업체들의 온라인 매장을 방문해 제품을 구매하는 '직구매' 비중도 점점 증가하는 추세이다.

미국 오바마 대통령의 부인 미셸이 애용하여 유명해진 의류 유통업체인 JCrew사는 온라인 방문객 중 해외 고객이 전체 방문자의 19%를 차지함은 물론, 해외 직구매 비중이 점점 확대되어 가고 있다고 한다. 또한 유통업체들은 저가 가격 전략을 경쟁의 한 부분으로 중요시하게 되었으며, 수입 과일의 가격 인하를 위해 해외 직구매를 지속적으로 추진함은 물론, 구입 소스 다변화를 통해 리스크를 분산하는 전략으로 변화하고 있다. 특히 과일시장에서는 수입산과 국내산의 경쟁이 치열해짐과 더불어 타 품목으로도 확대되어질 전망이다.

해외 직구매는 유통업체들이 과일 수입 시 중간 유통단계를 배제하고 산지에서 직접 구매함으로써 수입가격을 낮추기 위한 구매방

식이며 해외 직구매로 인한 가격 인하 효과는 15% 안팎에 이를 것
으로 예상된다. 아울러 일반 소비자들의 의류, 전자제품, 생활 잡
화 등에 대한 직구매로 인한 효과에 힘입어 마니아를 통한 입소문
으로 가일층 심화되고 있는 상황이다.

웰빙 추구의 가속화

현대의 고객들은 3Well을 추구하며 삶을 살아 가고 있다. 3Well이란 Well-being(건강하게 생활 하기), Well-aging(곱게 늙어 가기), Well-dying(무병으로 살다 마지막을 준비하기)가 희망사항이며 이러한 풍조가 생활 깊숙이 자리 잡고 있다. 이런 이유로 생명 존중 의식이 강해져, 식품 안전에 대한 관심이 고조되고 있다. 때문에 이와 관련된 정보에 대하여 민감하게 반응할 뿐만 아니라, 폭넓은 지식을 다량으로 보유하고 있다. 더불어 이들 계층의 식생활도 건강식 위주로 식단을 편성하는 모습이 뚜렷하게 나타나고 있으므로 이들을 타깃 고객층으로 비즈니스를 하는 기업은 이에 대한 현재의 문제를 분석하여 체계적인 대응이 절실히 요구되는 시점이라고 생각된다.

미국의 Trade J'oes(트레이더 죠스) 매장에 한국산 김이 판매되고 있다. 이를 살펴 보면 흔히 한국인들이 많이 애용하는 '밥도둑 김'이 아닌 '스낵 김(저염으로 제조된 김)'으로 포장되어 판매되고 있다. 또한 회원제 마켓인 Costco(코스코)에 가면 한국산 불고기와 국내 업체가 만든 김치, 만두, 두부, 심지어 뻥튀기까지 판매되고 있다. 물론 주 고객층을 아시안이나 한인들을 타깃으로 하고 있어서 그렇다고 볼 수도 있다. 하지만 미국인들의 식생활이 과거 Fast Food를 선호하여 건강에 적신호가 켜졌었고, 웰빙 추세로 식단의 변화를 요구하는 사회적인 바람 때문이라 생각된다.

　학교나 각계 각층에서 Slow Food인 발효 식품이나 건강을 위한 식품 등의 선호도가 점점 증가하는 추세이며, 특히 K-POP과 한국 드라마의 인기에 힘입어 해당 연예인들의 생활 패턴을 따라 하려는 팬들의 행동에 기인한 현상이라고 본다.

　향후 K-POP이 도화선이 되어 K-FOOD열풍으로 확산되는 분위기가 빠르게 확대되리라 판단된다. 이제 소비자들의 안전한 먹거리에 대한 바람이 사회적 이슈로 대두된 가운데, 상품 구입 시 첨가물에 대한 관심이 점점 높아지고 있다. 이를테면 계층을 불문하고 애용되는 빵은 요가 매트에 사용되는 합성 보존제 첨가 여부가 논란이 되고, 가공 식품에 들어간 인공첨가물의 폐해, 즉 음료나 소스 양념에 사용되어 과잉 섭취 시 어린이의 과잉 행동을 일으킨다고 하는 것. 그리고 탄산 음료의 설탕 대체재로 사용되는 액상과당, 감칠맛 내는 조미료인 MSG, 방부제로 쓰이는 벤조산나트륨(Sodium Benzoate)이 소프트 드링크에 사용되어 비타민C와 반응해 암을 유발하는 물질로 잘 알려진 벤젠(Benzene)을 만든다는 뉴스 등이 그렇다. 또한 육류 숙성이나 절임에 사용되는 아질산나트륨(Sodium Nitrite)이 보존제로 사용된 소시지, 통조림 가공육에 들어가 육류를 더욱 선명하게 보이게 하는 역할을 하지만 과잉 섭취 시 위암의 원인이 된다는 달갑지 않은 소식, 가공식품을 오래가게 보존하며 맛도 더욱 좋게 해준다는 트랜스지방이 심장질환의 주범이라는 불편한 소식 등 안전한 먹거리에 대한 믿음이 깨지고 있다. 아울러 스마트해진 소비자들은 상품 구입 시 식품영양 분석표를 꼼꼼히 분석하며 구매 여부를 판단하고 있다. 따라서 인공첨가물이 들어가지 않는 천연 식품을 선호하는 풍조가 생기게 되었으며, 과거에는 맛있으면 무조건 좋았는데 지금은 '무엇이 첨가되어 맛있을까?' 하는 의구심을 가지는 경우가 발생하는 상태에 도달해 있다.

얼마 전 우리의 김치가 유네스코의 문화 유산으로 지정되었으며, 이런 열풍이 한국 음식이 세계인들의 관심을 한층 더 갖게 되는 좋은 계기가 되었다. 또한 2013년 구글의 단어 검색 빈도 조사에 의하면 미국 내에서 '김치(Kimchi)'를 검색한 횟수는 3년 전에 비하여 96.1% 급등했으며, '코리안 BBQ(Korean BBQ)'와 '비빔밥(Bibimbap)'의 검색 역시 75.4%와 194% 상승했을 뿐 아니라 음식 전문 잡지 '본 에퍼티'는 2013년에 고추장을 올해의 음식 트렌드 중 하나로 선정하기도 했다. 최근 전국 레스토랑 뉴스(NRS)는 '2013 미국 외식업계 트렌드 탑5' 중 하나로 '한국의 맛(Korean Flavors)'을 선정했다. 아울러 타인종 셰프들도 한식 식재료를 이용한 메뉴 개발에 열중하고 있는 추세로, 한식의 대중화에 속도가 붙고 있는 중이다. 더불어 이런 분위기에 편승하여 잘 알려진 K-POP 연예인들이 식품의 광고 모델이 되어 한식의 전도사로 활동해야 한다. 더불어 지속적으로 한식을 개발하여 시장에 론칭함은 물론, 세계인의 입맛을 사로잡는 이벤트를 지속적으로 전개한다면 글로벌 식탁도 '스시'처

럼 점령하지 못할 이유가 없
지 않겠는가? 그런 장밋빛
희망도 가져본다. 그렇게 생
각하는 이유는 외국인들이
자신이 좋아하는 K-POP 연
예인과 소통하기 위해, 한글
을 공부하기까지 하며 노력

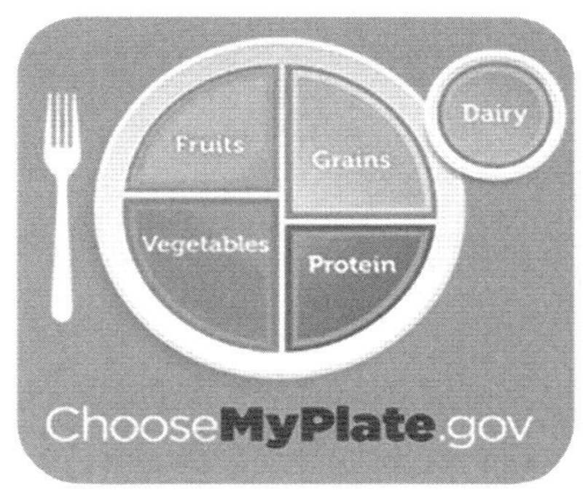

하는 모습을 보았기 때문이다. 미국 연방정부는 미국인들의 권장
건강식단을 기존의 피라미드형에서 식물성 섭취를 적극 권장하는
원형 플레이트로 바꿨으며, 연방 농무부가 발표한 '마이플레이트
(MyPlate)는 1일 권장식단의 1/2은 과일과 야채로 채우고 나머지 1/2
은 정제되지 않은 곡물과 단백질로 구성했다. 또한 음료는 탈지유
나 요구르트와 같은 저지방 유제품을 권장하고 있다. 음식 섭취 시
항상 균형 건강식을 생각하라는 의미로 피라미드에서 원형으로 바
꾸었다고 그 이유를 설명했다. -AP-

이처럼 국민건강을 위한 식단은 정부와 사회적으로 핫 이슈가 되
었으며, 이는 어느 특정 국가가 아닌 세계적인 공통 과제가 되고
있다. 또한 각종 단체와 기관들은 웰빙을 위한 푸드 소개는 물론
점차 패스트푸드에 대한 불완전한 영양을 공개적으로 발표하면서
기존의 애호층들이 건강을 위해 기피하는 현상이 점점 증가되고
있다. 따라서 유통 기업들은 항상 소비자의 니즈와 원츠에 대한 변

화를 예지하고 스마트하게 대처하는 지혜로운 능력이 필요하다.

또한 웰빙 추구를 위한 오가닉 푸드(Organic Food) 바람이 불고는 있으나, 식생활 전 부문의 오가닉 푸드 구입은 너무 비싸서, 가계 부담이 커지게 되기 때문에 '어떤 식품을 오가닉으로 사면 좋을까?'라는 의문을 가지게 된다. 이에 대하여 미국의 비영리 단체이며 환경실무 그룹인 엔바이로멘탈 워킹 그룹(EWG)이 발표한 잔류 농약이 가장 많은 12가지 과일과 채소, 즉 'Dirty Dozen(더티 더즌)'의 발표 자료에 의하면 9년 연속 사과가 잔류 농약이 가장 많은 것으로 조사되었다. 아울러 잔류농약이 적은 'Clean 15(클린 15)'을 발표하여 '소비자의 웰빙'에 환경단체나 국가기관에서도 깊은 관심을 가지고 있음을 보여준다.

〈표1-3〉 Dirty Dozen(더티더즌) & Clean 15(클린15)

Dirty Dozen (더티즌)	Clean 15 (클린 15)
〈잔류 농약이 많은 순서〉 사과, 딸기, 포도, 샐러리, 복숭아, 시금치, 파프리카, 천도복숭아, 오이, 감자, 방울 토마토, 고추	〈잔류 농약이 적은 순서〉 옥수수, 양파, 파인애플, 아보카도, 양배추, 스위트피(냉동), 파파야, 망고, 아스파라거스, 가지, 키위, 자몽, 캔털루프멜론, 고구마, 버섯

또한 3Well의 사회적 분위기에 편승하여 방송 프로그램 편성도 건강을 위한 코너가 예전보다 배 이상이 증가되어 품격 있는 삶에 대한 인간의 욕구를 반영하고 있다. 특히 노화방지를 위한 '색깔 채소먹기 365원칙' 캠페인을 통하여 '하루에 3번, 6가지 이상의 채소를 5가지 색깔로 골고루 섭취'함으로써 한국인의 6대 암과 비만, 당

뇨, 고혈압, 심장병 같은 5대 만성 질환을 예방한다는 식생활 변화 운동이 이슈화되고 있다. 특히 색깔 식물 속에 들어 있는 피토케미컬 성분은 현대인의 질병 중 90%가 활성산소와 관련 있는 것으로 밝혀지면서, 황산화 식품인 색깔 채소에 대한 관심이 더욱 집중되고 있다. 현시대의 소비자들은 건강을 위하여 항상 지갑을 열 준비가 되어있으나, 매장에서 상품을 관리하는 대다수의 담당자들은 상품에 대한 개략적인 지식만 가지고 고객을 응대하고 있는 것이 현실이다. 앞으로는 3Well 시대에 맞게 상품에 대한 지식을 습득하여 판매를 위한 소구점(어떤 상품은. 어디에. 어떻게 좋은지에 대한 정보)으로 활용하는 것도 구매 유발을 증진하는 데 중요한 계기가 될 것이다.

〈표1-4〉 색깔별 채소의 효능

색깔별	해당채소	효능
빨강색	고추, 파프리카, 토마토, 사과, 딸기, 자두, 체리 등	카로티노이드라는 항산화 물질이 풍부해 라이코펜과 베타카로틴 성분이 포함되어 있으므로 혈관질환 및 동맥경화와 암 예방
초록색	시금치, 쑥갓, 브로콜리, 키위, 청포도, 아보카도, 양상추, 완두콩	엽록소와 루테인이 있어 강력한 항산화 작용으로 시각적 안정과 긴장해소, 유방암 예방
노랑색	당근, 단호박, 바나나 등	비타민C, B1이 풍부하여 신진대사지원 및 피로해소 증진, 노화를 억제하고 소화를 촉진. 나쁜 콜레스테롤 감소
보라색	자주색 양파, 콜라비, 가지, 적채, 블루베리, 검은 콩, 우엉 등	안토시아닌 성분은 항산화 작용이 탁월하여 시력회복가 뇌졸증 및 심장질환 예방
흰색	마늘, 버섯, 양파, 흰 복숭아, 생강 등	플라보노이드 계열의 성분인 안토크산틴은 항암효과 및 체내 산화작용 억제하여 유해물질 방출, 세균과 바이러스에 저항력 향상시키며 폐암예방

고령화의 가속화와 스마트 라이프 시대

고령화의 증가와 소수 세대인 핵가족의 증가로, 구매 패턴이 기존의 상품 구입 시 대량화와 대용량에서 소량화와 소용량화된 식품을 선호하게 되었다. 아울러 기능성 식품(고혈압, 당뇨, 콜레스테롤 등의 성인병에 대한 식단용 식품)의 니즈 증가로 소량 구매 또는 낱개 구매로 구매 비중이 증가하는 추세이다. 이에 대응하기 위해 일본의 다이신 백화점은 노령층 고객을 위해 스시를 과거의 10피스에서 2~3피스의 소량 포장판매를 하고 있다. 또한 인구 구조 변화로 개인 중심의 사회 생활, 즉 싱글족의 상품 구색이나 상품 포장 사이즈에 대한 변화를 요구하고 있으며, 앞으로도 계속 확대되리라 예상된다. 과거 한국은 대가족 생활로 대표되었으나 지금은 나홀로 세대(1인 세대, 싱글족)가 증가하면서, 먹방 프로(먹는 방송 프로)가 인기몰이를 하고 있다. 미국의 모 방송은 한국의 이런 먹방 트렌드를 'Food Porno(음식이 욕망의 대상이 되어 침샘과 위장을 자극하여 음식 소비가 확산되는 사회 현상이나 해당 음식을 의미)'라고 한다. 여기에 더해 관련 기업들이 먹거리 사냥꾼들을 활용하여 신상품을 소개함으로써 마케팅 시현의 장으로도 이용되고 있다. 하지만 너무 시각적인 효과만을 강조함으로써, 건강과는 동떨어진 자극적인 푸드 포르노로 확산되는 것은 방지되어야 한다. 아울러 영양소와 칼로리를 고려치 않는 음식 확산

은 경계되어야 할 뿐만 아니라 이런 잘못된 분위기를 건강한 식생
활을 위한 홍보 차원으로 전환되는 것이 바람직하다고 할 것이다.

아직까지 세계 경제 위기는 지속되고 있지만 새로운 트렌드를 읽
고 변화를 꾀한다는 자세를 가진다면, 어려운 경영 환경에서도 생
존하고 성장할 기회는 있다.

고령화 시대 역시 위기이자 기회로 작용할 것으로 보인다. 고령
사회에 접어든 선진국과 고령화 시대에 진입한 신흥국을 볼 때, 세
계적인 고령화에 따른 산업 변화를 읽고 대응 전략을 수립하고 주
도면밀하게 대응해야 한다.

웰빙은 건강하고 안전한 먹거리를 통하여 만족한 생활을 하는 안
락한 삶이며, 행복과 번영의 삶이다. 웰빙의 추구는 100세 시대를
지향하는 시점에서 인간의 기본 욕망이며, 이를 통한 웰다잉은 고
통을 최소화하면서 편안한 죽음, 즉 품위 있게 잘 죽는 것을 의미
한다. 따라서 가장 행복한 삶의 과정은 웰빙으로 잘 살다가 웰다잉
으로 생을 마감하는 것이 웰빙의 완성이자, 고령자들의 한결같은
바람일 것이다. 이제는 100세 시대일뿐더러 100세 청년 시대라는
신조어가 등장하는 시대를 살고 있다.

또한 웰빙을 넘어 힐링(Healing : 치유)을 추구하고 있으며, 첨가물
이 들어가지 않는 전통 먹거리의 선호와 약제를 넣은 다양한 식재
료 개발의 분위기가 증대되고 있는 추세이다. 아울러 힐링과 관련
한 연관 산업이 성행하여, 힐링 카페의 출현과 각종 다양한 문화ㆍ

예술 행사가 사회적 욕구를 지원하기 위해 활발히 기획 및 개최되고 있다. 이런 질적인 삶을 인도할 스마트 라이프 시대가 도래되고 있다. 이에 따라 모든 정보는 모바일 혁명으로 더욱 알차고 풍부해짐은 물론, 소비자는 더욱더 똑똑해지고 있으며 향후 더 스마트해진 환경 속에 생활하는 스마트 라이프 시대가 본격화될 것으로 전문가들은 전망하고 있다.

이런 시대의 도래에 따라 '관련사업에 종사하고 있는 기업들의 미래 청사진은 무엇인가?'를 물어보고 '여기에 대한 생존과 번영의 대응책은 무엇인가?'에 대한 답을 구해야 하지 않겠는가?

식품업계 마케팅 키워드로 '0'과 '100'이 부상하고 있으며, 이는 건강한 먹거리에 대한 높은 관심과 식을 줄 모르는 웰빙의 거센 바람으로 말미암아 유해 성분 무(0)첨가와 100% 천연재료 사용을 무기로 한 신상품이 주를 이루고 있는 것도 사회적인 바람이라 생각된다. 업계 관계자에 따르면 '국산 재료와 무첨가 식품' 등에 대한 인기가 고조되는 가운데, 마케팅 포인트로 '0'과 '100'의 숫자가 표시된 상품의 판매가 날로 증가 추세에 있다고 한다. 특히 이 숫자는 소비자들이 기억하기 쉬워, 상품의 질적인 측면을 효과적으로 강조하기 때문에 널리 애용되고 있다. 즉 천연원료 사용을 부각시켜 제품의 차별점을 각인함으로써 구매 유발을 하기 위한 전략인 것이다.

최근 의사로부터 대장염 진단을 받은 일리노이 주에 사는 노인

플로렌스는 음식을 바꾸라는 처방을 받아 시도를 해봤으나 번거롭고 복잡하여 잘 지켜지지 않았다. 그때 지역 슈퍼마켓인 하이-비(Hy-Vee)의 영양사를 추천 받았다. 영양사는 매장을 순회하면서 먹어야 할 음식과 먹지 말아야 할 음식에 대해 설명을 해 주어서 플로렌스는 상당히 고마워했다. 이처럼 하이-비는 미국 전역에 235개 매장을 운영 중인 슈퍼마켓 체인으로, 거의 모든 매장에 영양사를 배치시켜 근무하게 하고 있으며, 시골 지역은 한 사람이 여러 개의 매장을 담당하고 있다. 이런 현상은 소비자들이 건강관리에 있어 음식이 얼마나 중요한지에 대한 인식이 증가하고 있기 때문이다. 또한 차별화를 통하여 거대 유통업체와 경쟁에서 생존하기 위한 전략의 한 방편으로 활용하는 것이다. 따라서 최근 3~4년 사이, 마켓에 상주하는 영양사가 증가하고 있다. 이는 웨그만스(Wegmans)가 1988년 처음으로 실시하였다. 또한 지역(로컬) 체인인 메이저(Major), 자이언트 이글(Giant Eagle), 바샤스(Bashas), H-E-B, 크로커(Kroger) 같은 마켓에서도 고객의 건강을 위하여 서비스를 하고 있다. 이들은 자체 행사는 물론 각종 커뮤니티 행사에 참석할 뿐만 아니라, 직원들 건강 분석, 매장 내 조리시범, 성인병 식단표를 구성하여 고객들에게 건강 도우미로서의 역할을 수행하고 있다. 따라서 건강에 좋은 품목들의 매출이 증가하고 고객들과 원활한 커뮤니케이션은 물론, 이메일을 통한 소통도 이뤄지고 있다. 다양한 식재료들의 출현으로 영양 관련 분야가 점점 복잡해지고 있기에 영양사들의 조언이 절대적으로 필요한 것이다.

프로모션의 과다 경쟁과 우선 팔고 보자는 속셈에 우리 제품은 뭐든지 다 좋다고 세일즈 소구점을 찾다 보니 소비자는 무엇을 사야 할지 제품이 광고하는 것이 사실인지 신뢰성에 의문을 가지게 되었으며 이런 문제를 해소해 줄 전문가의 조언이 필요하게 된 것이다. 이를 통해 맞춤 식재료 선택을 통하여 식습관을 바꿈으로서 건강한 생활을 영위하고자 하는 것이 특히 노령층의 희망 사항임으로 이를 매장이 잘 이해하고 대응하는 것이다.

최근 미국에서 슬로푸드 운동이 급물살을 타고 있다. 조사 결과 미국 국민의 약 25%가 비만이며 과체중으로 나타났으며 이로 인하여 지출되는 비용이 연간 120조 원이 소요되므로, 비만과의 전쟁을 선포하여 정부가 나서서 적극 계도하고 있다. 특히 미쉘 오바마는 백악관 텃밭(Kitchen Garden) 프로젝트를 실시하여, 백악관에 300평 부지의 텃밭을 조성하여 친환경 먹거리와 도심 텃밭 열풍을 확산하는 데 불을 지폈으며 어린이 비만 퇴치를 위한 운동에 적극 동참하고 있다.

이는 저영양 고칼로리 식품인 패스트푸드의 후유증으로 발생되었으며, 또한 미국 내 각 자치단체나 비영리 기구가 운영하는 임대 텃밭인 커뮤니티 가든(Community Garden)이 500여 개의 작은 농장으로 구성되어 있다. 이를 통해 자연과 소통하면서 채소를 가꾸어, 건강 천연 먹거리와 친해지는 계기를 만들어 식습관의 변화를 도모하는 것이다.

현대를 스마트 라이프 시대라 말한다. 스마트 라이프 시대는 스마트 기기가 없으면 생활이 힘든 시대를 지칭하며, 스마트 기기의 진화는 단순한 기능적인 편리함을 넘어 정치, 경제, 사회, 문화, 교육 등에 광범위하게 영향력을 행사하고 있다.

시장조사 기관인 엠브레인 트렌드 모니터의 분석에 따르면 전체 응답자의 40.9%가 문자 및 SNS를 통해 지인들과 연락되고 있음을 볼 때 스마트 기기는 관계 소통에 있어서 절대적으로 필요한 소통 창구로 이용되고 있는 것이다. 따라서 소비자들이 더 이상 수동적으로 기업의 제품을 사용하고 평가하는 수준에서 멈추는 것이 아니라 스마트 기기를 가지고 상호 간에 소통하고 있다. 또한 기업과 직접 소통하면서 제품 혁신에 직접 참여하는 '스마트 소비'가 이뤄지며, 기업 간 전쟁이 생태계 전쟁으로 변하면서 '스마트해진 소비자'들은 생태계의 일부로 들어와 그들의 주장과 요구를 표명할 것이다. 이러한 스마트 라이프를 촉진하는 것은 앞으로의 변화 방향과 속도를 가늠조차 하기 어려운 실정이며, 기업간에 벌어지는 '모바일 혁명'은 진행형이며 진화는 계속될 것이다.

빅데이터 시대

앞으로 유통기업 경쟁력의 출발점은 매일 POS(Point Of Sales : 구매 시점 관리)를 통해서 발생되는 고객 정보의 분석을 누가 빨리하여 고객의 니즈와 원츠를 개별적으로 디테일하게 알고 신속히 대응할 수 있는가에 달려 있다고 본다.

데이터는 현장의 상황이 어떠 했는지를 알려주는 대시보드(Dashboard : 계기판) 역할을 해주며 구매 성향 분석을 통해 고객이 언제 와서, 무엇을, 얼마만큼 구매하는지에 대한 이해를 돕는다. 더불어 장바구니 분석을 통해 프로모션에 대한 효과는 물론, 문제 파악과 함께 이에 대한 대책을 강구할 수 있도록 해준다. 이를 통하여 데이터에 담겨 있는 고객의 목소리를 들음으로써 고객이 무엇을 필요로 하고 원하는지에 대한 정보를 알고, 향후 어떻게 대처할지에 대하여 미래를 보는 통찰력의 눈을 가지게 한다. 이렇게 미래를 보는 눈을 가져야만 경쟁에서 뒤처지지 않고 생존의 드라마를 이어갈 수 있을 것이다. 이렇게 하기 위하여 필요한 능력은 데이터를 보고, 정보를 만들고, 이를 해독할 수 있는 숫자에 대한 독해력이다. 또한 확보한 데이터 속에서 시간 축에 따라서 변화하는 데이터를 읽을 수 있어야 한다. 이를 통하여 상품 판매 분석을 하며 빅데이터 분석으로 추출한 데이터를 통해 카테고리 관리자들에게 시기별로 주력해야 할 상품을 추천해 주고, 매장에 진열할 상품까지도 안내해 줄 수 있다. 즉 세부적으로는 특정 시즌이나 사회적 이벤트에 관련된 인기상품 분석, 날씨와 관련된 상품 매출 추이 분석 등을 수행한다. 또 유사 지역과 유사 규모별 매장 판매 상품 추천 가이드, 연관 상품 매출 분석을 이용한 상품 진열 가이드 등을 제공한다. 예를 들어 동종의 상품이 30개 팔렸어도 1시간에 팔렸는지 2일간에 팔렸는지 시간의 경과에 따라 확인해 보면, 총론적으로는 같게 보이지만 비교해 보면 의미가 다름을 알 수 있는 것이다. 데이터는 과거를 진단하고 현재를 분석하여 미래를 처방하는 실마리를 제공할 뿐만 아니라, 과거와 현재에 무엇을 잘했고 못했는지에 대한 성찰의 기회도 제공하는 것이다. 우리는 데이터와 적극적으로 소통하면서 나날이 심화되는 경쟁 속에서 도태되지 않고 생존을 위한 전략을 수립하고 체계적이며 조직적으로 대응해야 한다는 것을 느껴야 한다. 즉 언제, 누가, 무엇을, 어떻게, 얼마만큼, 왜 구매하고 무엇을 필요로 하는지에 대한 깨달음을 통해 실행 계획을 수립하여 반드시 실천하는 사이클을 반복해야 한다. 특히 생존을 위해서 가장 중요한 것이 고객에 대한 디테일을 아는 것이며, 이를 슬기롭게 대처하는 것이 생존의 한 방책이다.

과거에 어떤 기업을 방문하여 CEO한테 전산화의 진도를 물어보니 CEO가 하는 말이 '다른 어떤 기업보다 잘되고 있다.'고 의기양양하게 말하기에 '어떻게 그렇게 말합니까?' 하고 응대하자 '아

니, PC를 신제품으로 다 구입해 주었으니 잘되는 것 아닌가요?'라
고 대답을 들은 것이 생각난다. 이는 곧 고객 카드를 발행했다고
CRM(고객관계관리)이 잘된다고 말하는 것과 무엇이 다르겠는가? 고
객카드가 발행되었다고 관계가 저절로 구축되는 것이 아니라, 관
계를 맺었으면 지속적으로 그들의 구매행동 패턴과 기호를 조사하
여 이를 바탕으로 관계가 지속화될 수 있도록 어떤 관리를 해야 하
고, 그들에게 어떤 만족을 제공하여 가치를 느끼게 해야 하는 것이
다. 이를 위해서는 고객과의 거래를 통해 수집한 빅데이터를 디테
일하게 분석하여 해답을 찾고, 여기에 적절히 대응하는 것이다. 아
울러 이런 과정을 거쳐 마케팅 효율화가 이뤄지며, 이를 통해 성과
로 연결되는 것이다. 이는 '마케팅은 상대 고객을 뺏어 오는 것이
다'라고 하는 이유이기도 하다. 경쟁자의 고객을 유치하기 위해서
는 고객에 대한 철저한 이해가 선행되어야 할 것이다. 이러한 역할
을 데이터가 담당하며, 데이터를 정복하는 자가 지혜를 얻음으로
써 스마트한 의사 결정으로 연결되어 고객을 감동시키는 것이 유
통의 지존이 되는 길이라 할 수 있다. 또한 인터넷의 예를 들어보
면 사용자들이 자판에 입력한 단어 하나하나와 클릭한 행동(고객 동
선)들을 통하여 개인 맞춤 서비스와 행동 심리 분석에 이르기까지
다양하게 활용된다는 사실이다. 인터넷 쇼핑에 들어가 보면 광고
가 자신이 선호하는 아이템을 파악해 창에 띄우며 자신을 따라다
니는 것을 느낀 적이 있을것이다. 이는 사용자가 클릭한 흔적을 추

적하여 표적 광고가 만들어졌기 때문이다. 즉 인터넷 브라우저가 과거에 방문했던 기록을 근거로 새로운 데이터를 표시하도록 설계해 둔 결과이며, 이를 활용하여 목표 고객에게 효과적으로 광고를 노출하는 서비스를 제공하는 것이다.(때로는 엄청 불편하다)

이와 같은 이용이나 방문 기록 활용 기술은 마케팅 기술에서 적극 활용하고 있어서, 소비자가 원하든 원하지 않든 개별화되고 맞춤화된 광고에 계속 노출되고 있는 실정이다. 아울러 최고의 인터넷 업체인 구글(Google)은 이메일, 일정 관리, 대화 상자를 한 번의 로그인을 통하여 서비스함으로써 이용자들의 관심사를 통합하여 개별 맞춤 정보로 이용하고 있다. 따라서 이용자의 편리성 측면에서는 환영할 만하지만, 한편으로는 개인 정보를 세밀하게 수집하기 때문에 개인 정보 보호 차원의 우려와 함께 사회적인 이슈화가 될 가능성을 배제할 수는 없는 것이다. 구글 트렌드 서비스는 미국 이용자들의 기록을 분석하여 질병 관리 당국보다 2주나 앞서 독감 유행을 예보해 화제가 된 일도 있다. 또한 건물 내에 있는 사람의 위치를 추적하여 어디로 갈지를 예측하는 시스템이 개발되어, 범인 검거나 범죄 예방, 그리고 쇼핑 효율화 및 매출 활성화에 활용되고 있는 것이다.

우리는 우리의 일상생활은 물론 생각까지 데이터로 처리되고 활용되는 시대에 살고 있다. 이것을 어떻게 활용되는가에 따라 양날의 칼을 다루는 것과 같은 것이다.

소비자 행동 전문가인 Paco Underhill은 'Why We Buy? : 왜 우리는 구매하는가'에서 대형 유통업체들은 고객들의 행동을 관찰하는 전문가이며 인류학자인 'Trackers(추적자)'를 고용하여 고객을 관찰할 뿐만 아니라, 고객카드를 활용해 구매 및 쇼핑 습관을 추적하여 타깃 광고에 활용한다는 것이다. 또한 신용카드로 상품을 구매하면 '고객 ID'를 부여하여 해당 고객 ID로 정보를 저장함으로써, 상품 구매 내역 즉 영수증으로 쇼핑 습관을 분석하여 적극 활용하고 있다. 아울러 매장 내에 카메라를 설치하여 고객 동선을 녹화함으로써 진열에 참고할 뿐만 아니라, Heatmap(히트맵)으로 고객 동선이 몰리는 지점을 파악하여 진열에 적극 활용하고 있다.

구글의 수석 경제학자인 할 배리언(Hal R Varian)은 '데이터를 얻어서 이해하는 능력, 이를 처리하는 능력, 처리를 통해 가치를 뽑아내는 능력, 이를 시각화하는 능력, 이를 전달하는 능력이야말로 향후 10년간 중요한 능력이 될 것이다'라고 했다. 이는 곧 기업의 주요 의사결정을 위한 금맥은 빅데이터의 활용 수준에 좌우될 정도로 필수적 요소가 되었음을 알 수 있다. 아울러 기업은 '제반 경영 활동에서 발생되는 데이터를 바탕으로 무엇을 발견했는가?'와 '이를 통한 정확한 예측으로 어떻게 대응했는가?'에 따라 승부가 결정되는 거대한 '데이터 과학실험실'의 경쟁이 될 것으로 전망하고 있다.

월마트는 시간당 100만 건 이상의 거래 기록을 저장하고 있으며,

지역별 고객의 선호도와 수요를 감안한 재고 예측 조사로 높은 수익을 창출하고 있다.

기본적인 정보로 가격, 상품 구성 체계, 행사, 재고, 품절, 경쟁 상황, SNS 정보 등을 수집하며 거대한 지식허브 구축 기술을 보유하고 있다. 이를 통하여 고객 이벤트, 상품, 위치 등 기업과의 상호 관계를 분석하여 이를 활용하고 있는 것이다. 예를 들면 소셜 미디어에서 수집한 빅데이터를 분석하여 000지역에는 자전거 애호가들이 많다는 정보를 파악하고, 해당 매장의 상품 라인업을 조정해 매출을 획기적으로 증가시킨 사례도 있다. 이와 같이 비즈니스는 점점 인텔리전트 단계로 진입하고 있으며, 상품 데이터를 분석하는 단계를 지나 고객 데이터를 포함하는 수준으로 확대되어 마케팅이나 영업 활동의 기폭제로 활용되는 추세임은 틀림없는 사실이다. 다시 말해 문제의 원인을 찾아내어 '왜 이런 일이 발생했는지'에 대한 해석을 하고, 이를 통해 무슨 일이 발생할지를 예측하는 수준에 도달한 상태이다. 이런 추세는 점점 진화되고 가속도가 붙을 것이다.

제프 베저스 아마존 최고경영자(CEO)는 '데이터는 절대 버리지 않는다.'라고 했다. 버지니아 로메티 IBM CEO는 '앞으로 모든 산업에서 데이터가 승자와 패자를 가를 것'이라고 말했다. 빅데이터가 글로벌 시장 경쟁에서 기업의 경쟁력을 좌우하는 핵심 역량으로 부상했음을 인정하는 말이다.

앞으로 데이터의 중요성이 더욱 강조될 것이다. 뿐만 아니라 ICT(정보기술과 통신기술)의 발달과 인프라의 확대로 인하여 생성된 다양하고 방대한 정보를 기업 자체적으로 발생되는 데이터와 주변에서 쏟아지는 데이터를 어떻게 함께 활용할 것인지, 어떻게 하면 가치를 창출할 수 있을지 여부가 미래의 과제임은 틀림없는 일이다.

맥킨지는 "빅데이터는 혁신과 경쟁력의 핵심 요소"라고 평가하면서, 의료 · 공공 · 소매 · 제조 등 다양한 산업 분야에서 빅데이터를 활용하면 생산성을 추가로 1% 더 높일 수 있을 뿐 아니라, 각 산업군별로 1,000억~7,000억\$의 경제 효과를 낼 것이라고 예측한 바 있다. 따라서 데이터를 분석하고 가공한다는 것은 곧, 전략적인 사고를 통해 실천한다는 것을 의미한다. 따라서 어떤 분야를 막론하고 전략적인 기업의 경쟁력이 앞선다는 사실은 두말할 나위가 없는 것이다.

매장 사이즈의 소형화 추세

불안정한 경기 상황의 지속, 일인 가구의 증가, 고령화의 진전으로 인해 인구 구조 변화 등과 더불어 사회적, 경제적 환경 변화로 이어져 유통시장에 새로운 변화가 나타나고 있다. 그 결과로 주거지나 근무지 근처 등 근거리에서 소량 구매를 할 수 있는 소형 사이즈 유통 매장이 눈에 띄게 증가하고 있는 현상이 세계적인 흐름으로 부각되고 있다. 이런 생활 밀착형 유통의 부상과 확산은 글로벌 트렌드이며, 글로벌 선두 유통기업 역시 업태 슬림화에 집중하고 있다.

글로벌 소매기업 매출 1위인 미국의 월마트는 네이버 후드마켓, 월마트 익스프레스 같은 소형 매장으로 월마트 슈퍼센터가 커버하지 못한 소규모 지역 공략에 적극 나서고 있다. 글로벌 소매 매출 3위인 프랑스 기업 까르푸는 하이퍼 마켓부터 편의형 매장까지 다양한 포맷으로 소비자 접점에 대응하고 있으며, 특히 편의형 매장의 포맷을 세분화하여 도심 지역 중심의 까르푸 시티, 지방 소도시 중심의 까르푸 컨택, 휴양지 중심의 까르푸 몽타뉴로 나누어 운영하고 있다. 이처럼 글로벌 선두 유통 기업은 매장 크기 축소와 포맷 다양화로 소형 매장 확장에 주력하고 있다. 또한 생활 밀착형 유통의 새로운 유형인 드럭스토어도 급부상하고 있다. 드럭스토어 성공의 대표적인 기업은 Walgreen이며 약품, 식품, 생활용품, 화장품 등을 판매하는 복합 점포로서 100년의 전통을 자랑한다. 지금까지 월마트의 영향권이 아닌 독자적인 위치 선정과 타깃 고객층을 실버 노인과 여학생을 중심으로 성장의 고삐를 늦추지 않고 있으며, 소비자들의 건강과 미용에 대한 니즈 증대가 복합적으로 상승 효과를 불러 성장에 날개를 달고 있다.

과거에는 사이즈가 큰 매장을 선호하고 원스톱 쇼핑을 선호했으나 최근 소비자들은 큰 매장의 많은 SKU(Stock Keeping Unit : 상품 재고 관리를 위한 최소 분류 단위)를 접하면서 충동 구매가 발생함을 인지하고, 큰 매장을 기피하는 추세이다. 또한 일상의 바쁜 일과 속에서 큰 매장의 쇼핑은 피로도 증가에 한몫을 하고 있기 때문이다. 주말마다 가족과 함께 여러 품목의 물품을 대량으로 구매하는 쇼핑 방식은 점점 감소 추세에 있으며, 대량 구매를 하기 위한 대형 마트의 선호도는 낮아지고 필요한 상품을 가까운 곳에서 소량 구매하는 근린형 소비 패턴이 확산되고 있을 뿐 아니라, 가정의 냉장고가 매장으로 이동하는 개념으로 다빈도 소량 구매가 증가하는 추세이다.

특히 2007년 미국 서부지역(캘리포니아 지역)에 론칭한 영국 Tesco사의 Fresh&Easy 슈퍼마켓의 매장 사이즈는 소형점 10,000~15,000ft²로 1,000SKU 이하로 상품 구색을 갖추고 영업 중이다. Wal-mart는 종래의 할인점 출점 시 지역 주민의 공청회 과정에서

반대가 많아져 출점 기회가 줄어들자, 이에 대응하기 위해 소형 포맷으로 승부수를 던지고 있다.

스몰 비즈니스를 잡아먹는 거대한 공룡이며 하마로 정평이 나 있는 월마트는 작은 사이즈 스토어 오픈에 박차를 가하여 골목 상권 공략에 속도를 내고 있다. 소형 사이즈로 운영되는 '네이버 후드마켓인 바이 월마트'와 '월마트 익스프레스' 등 2개의 소형 스토어를 2016년까지 미주 지역에 500개 이상 오픈할 계획이다. 이는 소형 사이즈의 매출상승률이 기존 월마트 대형 사이즈에 비해 2배 정도 상승하는 데 기인한 것이라고 관계자는 말하고 있으며, 이런 타입의 마켓을 Tesco의 대항마로서 출점시키고 있다.

슈퍼 체인인 Safeway도 소형 포맷인 The Market을 출점시키고 있을 뿐만 아니라 최근 소형 점포로서는 Value discount store, Limited assortment store가 식료품 위주의 초저가 매장으로 주목받고 있다. 또한 Dollar store도 점점 식료품 비중을 증가하고 있는 추세이다. 특히 독일 Aldi는 소형 저가 매장을 선호하여 PB(Private Brand : 자체 상표 부착상품)율을 80% 이상 유지하면서 매년 20% 이상의 성장을 이룩하고 있으며, 매장 내 인원은 캐셔 1명, 셋업맨 1명으로 운용한다. 아울러 모든 상품은 원터치 셋업이 가능하도록 팰릿 진열이나 상품 기획 과정에서 포장 패키지를 원터치 진열이 가능하도록 설계하였다. 앞으로 이런 포맷의 출점 트렌드는 계속 확대될 것이며, 이런 현상은 한마디로 'Bigger is not better(크다고 좋은 것은 아니다)'가 매장 포맷 추세로 판단된다. 하지만 다양한 유형의 소매 점포가 운집한 유통 시설로 쇼핑과 오락, 레스토랑, 문화생활 등 각종 서비스를 결합한 One Stop형 몰은 판매와 서비스 시설을 한곳에 집합시켜 고객 집객 효과 및 체류 시간을 연장시켜 쇼핑의 활성화를 도모하고 있으며 이런 형태는 향후 지속적으로 번성할 것으로 판단된다.

〈표1-5〉 미국 내 소형 포맷점포 (출처 : 주)리테일 매거진)

업체명	점포명	면적(ft²)	상품구색 (SKU)	Remarks
Wal-mart	Marketside	15,000	7,000~ 10,000	유기농식품비중 20%이상 유지
Tesco	Fresh&Easy	10,000	3,500	신선식품 강화로 차별화
Safeway	The Market	15,000		신선/가공/즉석조리식품 위주
Aldi	Aldi	10,000	1,400	신선식품비중 40%이상, PB비중 95%
Supervalue	Save-A-Lot		1,200	식품비중 70%이상, 모기업 연계 PB확대

　결론적으로 위에 거론된 5가지의 유통 변화 트렌드에 맞게 고객이 원하는 서비스를 원하는 때에 신속/정확하고, 친절하게 대응함으로써 고객으로부터 사랑받는 기업, 오고 싶은 매장, 소개하고 싶은 매장이 되어야만 생존을 보장받을 수 있음을 기억해야 한다.

　경쟁의 치열함은 고객의 눈높이를 점점 향상시키고 있으며 이에 부응하지 못한 기업은 생존을 포기하고 유통 정글에서 사라지는 비운의 운명을 맞게 될 것이다. 이런 사태를 방지하기 위하여 항상 고객의 행동을 주의 깊게 살피고, 이를 통하여 깨달음을 얻어서 바로 문제를 '즉시 실천'함으로써 고객으로부터 인정받는 기업이 되어야 함은 자명한 사실이다. 이를 위하여 전 임직원이 사랑과 배려, 고객 받듦의 씨앗을 정성껏 뿌려야 한다. 이를 통하여 고객 만족의 열매를 맺게 함으로써 고객 감동의 가치로 승화되는 순간, 고객은 영원한 동반자 관계로 발전함은 물론, 변함없는 Fan으로서 관심과 사랑을 베풀어 줄 것이다.

서비스의
기본 만들기

고객에게 감사의 깊이를
전할 수 있는
말과 행동을 보여주어라.
-버드 바게트-

Good Service만들기

■ 서비스의 이해

서비스란 타인을 위해 도움을 주거나 배려를 해주는 행위 혹은 기술을 의미한다. 또는 수요자를 만족시키는 것을 전제로 기업의 목적 달성에 필요한 수익 확보를 위해 당연히 해야만 되는 활동이다.

이 활동은 생존을 위해서는 선택이 아닌 필수 사항이며, 고객에게 불편함과 피로감을 주지 않도록 진심에서 우러나오는 서비스여야 한다.

특히 현장 직원들이 고객을 응대함에 있어 봉사 정신이 결여된 상태에서 피동적으로 대응한다면 정성이 부족한 함량 미달의 서비스로 인식될 것이다. 향후에는 누가, 먼저, 어떻게 고객의 마음을 훔쳐 서비스의 No.1으로 기억될 것인가에 비즈니스 운명의 추가 달려 있다.

Service의 어원은 하인(Servant)이며 이는 항상 겸손하고, 사랑과 배려심을 가지고 주인인 고객을 정성으로 받들어야 하며, 만족과 감동을 선사하여 적극적으로 신임을 얻어야 한다는 의미이다. 따라서 서비스는 고객에게 기대 이상으로 만족을 주며, 내가 받고 싶은 대우를 고객에게 진솔하게 해주는 것, 또한 고객이 원하는 것을(상품, 서비스, 기업 이미지) 원하는 때에, 원하는 방법으로 제공하여 만족을 주는 일련의 과정을 말한다.

고객에게 서비스할 경우에는 항상 밝은 음성, 반듯한 인사, 깔끔하고 단정한 용모, 친절하며 신속한 응대를 해야 한다. 더불어 진솔된 마음의 표현을 위하여 서비스인으로서의 확고한 사명 의식과 신념을 가져야 한다.

맥도널드 창업자인 레이 크록은 '고객의 마음을 잡는 것이 소매업 성공의 비결'이며 억만장자가 되는 노하우는 '돈만 바라고 일을 하면 절대로 돈을 벌지 못하므로, 항상 일을 좋아하면서 고객을 최우선적으로 대접하면 성공은 따라온다.'라고 했다.

■ 서비스 개념

① 서비스는 상대방에 대한 정성스러운 배려이며 마음 씀씀이의
   예술이다.

② 서비스의 출발점은 감사하는 마음의 결정체이다.

③ 서비스의 첫 단계는 예의 바른 행동 표현이다.

④ 서비스는 일방적 희생을 강요하는 일방통행(One way)이 아닌
   상호 이해(Two way)를 통한 상호 간 소통하는 筆通(필통 : 반드시 소

통해야 한다)이다.

⑤ ①~④를 통해 고객에게 만족과 감동의 성적표를 받는 것이다. 이를 통해 평가가 좋지 않으면 서비스 전 부문에 대한 재점검을 통해, 문제를 찾아내어 개선안을 수립한다.

개선안은 소개선(바로 실천), 중개선(1주일 이내), 대개선(1달 이내)으로 구분하여 행동으로 보여주는 것이며 항상 좋은 평가를 통해 이미지가 제고되도록 조직 전 구성원이 100−1=0(한치의 실수도 용납하지 않는다)가 되지 않도록 맡은 역할을 성실히 수행하여야 한다.

초일류기업이 되기 위해서는 문제를 알았으면 이를 실행하는 스피드, 즉 속도가 있어야 한다. 이는 실행 능력이 있다는 것이며, 아무리 아이디어가 뛰어나도 실행력이 없으면 소용없는 것이다. 월마트가 최고의 자리를 유지하고 있는 것은 경영진과 기획팀에서 만든 아이디어를 곧바로 현장에서 즉 실천하는 '속도라는 무기'를 소지했기 때문이다.

서비스는 Live방송, 즉 생방송이다.

일반적으로 녹화 방송 시 한 번 잘못되면 잘될 때까지 반복해서 편집이 가능하지만, 생방송 시 한 번의 실수는 편집이 불가능하기에 실수는 절대 용납되지 않는다. 따라서 서비스 현장에 종사하는 직원들의 한 번의 실수는 곧 불만족과 컴플레인으로 증폭되어, 회사의 이미지에 치명적인 결과를 초래한다. 때문에 한순간의 방심도 용납되지 않도록 고객과 만나는 순간의 접점에서 어떻게 응대해야 하는지에 대한 중요성을 일깨워, 제대로 철저하게 관심을 가지고 응대해야 한다.

■ 서비스는 등산과 같다

요즘은 어느 기업이나 서비스 최고를 외치고 있지만 최고의 서비스는 입으로 외친다고 최고가 되는 것은 아니다. 최고가 되는 과정은 산을 오르는 과정과 같다고 할 수 있다. 누구나 가장 높은 산에 오르고 싶어 하지만 산을 오르기 위해서는 두 가지가 필요하다. 하나는 산을 오르는 데 필요한 지식과 기술을 알고 익히는 것이고, 다른 하나는 자신의 수준에 맞는 산에서 시작하여 점차 높은 산을 오르는 과정이 필요한 것이다. 초보자가 처음부터 마음만 앞세워 객기를 부려 세계 최고봉인 에베레스트에 오를 수는 없다. 그러기 위해서는 자신에게 맞는 산을 선택함과 동시에 아래에서 출발해 정상을 향해 열심히 발품을 팔아야 한다. 아울러 어떤 산을 등정할 것인가를 선택할 때는 최고의 목표를 염두에 두어야 하지만, 루트를 선택할 때는 목표에 도달할 수 있는 가장 합리적인 길을 선택해야 한다. 낮은 산은 혼자서 오를 수 있지만, 높은 산을 오르기 위해서는 팀을 구성해야 한다. 그리고 팀원들을 서로 신뢰해야 끝까지 오를 수 있다. 또한 팀원들의 핵심 역량을 최대한 끌어내기 위해,

구성원들 간의 신뢰와 믿음, 그리고 상호간 배려의 하모니가 이뤄져야 한다. 산에서 꿈을 이루기 위해서는 협동과 단결(한마음, 한 방향, 한솥밥)이 필요하며, 경우에 따라 희생정신이 필요하다. 아울러 성공이라는 환희를 맛보기 위해서는 실패의 위험도 감수해야 한다. 산을 오르기 위해서는 첫발을 내디뎌야 하며, 시작하지 않고서는 등정할 수 없다. 성공은 항상 쓰라린 실패와 위험이 상존하고 있으며 실패하지 않는 방법은 출발하지 않거나 아니면 최선을 다해 산을 오르는 것뿐이다. 산은 항상 올라가는 것만은 아니며, 절벽을 만나면 우회로를 모색하고 계곡을 만나면 돌아가야 한다. 아무리 지식과 체력과 기술이 뛰어나도 그것만으로 정상에 도달되는 것은 아니며, 팀원들이 가지고 있는 역량을 체계적으로 적절히 배분하고 사용할 줄 알아야 한다. 이렇게 각자에게 주어진 역할이 이행되지 않을 시 큰 위험을 맞이하게 될 것이다. 또한 길을 잃었을 때나 난관에 봉착할 시에는 이를 해결할 원칙이 중요하며, 이 원칙을 준수해야 한다.

길을 잃었을 때는 다시 원점으로 돌아와 자신이 올라온 길을 되돌아보면서 팀의 현재 상태와 위치를 정확하게 파악하고 나침반과 지도를 사용하여 조금씩 앞으로 전진해 가야 한다.

등정의 성공은 단순히 정상 정복이 아니라 정상에 오르는 과정에서 얻어지며, 성공의 부산물은 정상에서 시야를 가리고 때로는 쇠락의 길을 안내하는 독약이 될 수도 있다. 즉 영국의 역사학자인

토인비(Arnold Joseph Toynbee)가 말한 Hubris(휴브리스 : 과거에 성공한 사람이 자신의 능력과 방법을 우상화함으로써 오류에 빠지게 되는 것)에 빠질 수 있다.

등정의 과정을 서비스와 비교해 보면,

- -등정할 산 : 최고의 서비스를 위한 지향 목표
- -팀원의 역량 : 서비스의 지식과 경험, 주인 의식 등
- -발걸음과 루트 : 서비스 실천계획(작업 방법이나 표준)
- -실패의 위험 : 고객 컴플레인이며 100-1=0가 되는, 즉 직원 한 사람의 실수가 고객 만족을 '0'화 시킨다.
- -길을 잃어버릴 때의 원칙 : 고객 컴플레인 대응 요령
- -리더와 내비게이션 : 관리자나 점장의 목표와 업무 추진 과제 (서비스 문제점 및 해결 방안)

산을 오르는 사람들은 항상 긍정적으로 생각하며, 마음의 평화와 자기 절제심으로 오직 정상 정복을 위해 그동안 갈고닦아온 지식과 경험을 영양제로 삼아 한곳에 열정을 불사른다. 이와 같이 현장에서 고객을 대하는 서비스인들은 精神一到, 何事不成(정신일도, 하사불성 : 정신을 한곳으로 집중하면, 이루지 못할 것이 없다는 뜻)의 자세를 가지고 실천하면 고객으로부터 최고의 서비스라는 찬사와 더불어 최고의 매장이라는 칭송을 들을 수 있을 것이다.

■ 서비스의 대상

일반적으로 서비스의 대상은 크게 3가지로 구분된다.

호남 지방 향토음식 중 유명한 홍어 삼합은 홍어와 돼지고기, 그리고 김치가 어우러져 최상의 맛을 내듯이 서비스에도 삼합이 있다. 서비스 삼합은 바로 기업이 취급하는 상품과 서비스, 그리고 회사나 종업원들의 이미지가 조화롭게 결합되고 고객에게 좋은 느낌으로 보여질 때를 말한다. 이것만이 최고의 서비스의 맛을 제공하는 기업으로 인정받을 수 있다는 것이다.

첫째는 취급하는 상품에 대한 서비스 만족 여부이다.

매장에 진열된 상품의 가격, 선도 여부, 상품 상태, 포장 여부 및 보존 여부, 진열량, 상품 구색, 진열 위치, 청결 여부 등에 의해 평가를 받는다.

둘째는 서비스이며, 여기에는 인적 서비스와 물적 서비스가 있다. 인적 서비스는 직원들이 고객과 만나는 접점에서 제공하는 서비스를 의미한다. 이는 직원들의 인사, 표정, 말씨, 컴플레인 응대, A/S 등을 포함한다. 따라서 고객에게 감동을 주는 서비스를 제공하기 위해서는 먼저 종업원을 만족시켜야 하며, 이를통해 긍정적 감정이 고객에게 전달되는 것이다. 그다음으로 물적 서비스는 점포, 점내의 시설물 사용의 편의성과 쾌적한 매장 분위기(청결, 위생, 음악, 온도, 조명 등)와 애프터 서비스, 정보 서비스 등을 총망라한다.

기업 명성 관리 전문가 게리 데이비스 교수는 '직원들에게 좋은 직장이라고 느끼게 하라'와 같이 종업원이 고객보다 먼저 회사에 더 좋은 감정을 느낄 때 기대 이상의 서비스가 제공되며, 이런 좋은 경험을 한 고객은 지속적으로 매장을 방문할 뿐만 아니라 주변 사람들에게도 입소문을 내어 매장 방문을 추천할 것이므로 매출 증대 및 수익 향상으로 이어지게 된다. 따라서 회사는 직원들이 회사에 대한 긍정적인 태도를 가지도록 감정적인 측면에 세심한 배려를 하여 '고객이 왕'이기 전에 '직원이 왕'이라는 인식을 심어주어야 한다.

1등 기업의 직원들은 행복감을 가지고 일한다. 행복한 직원들은 단지 높은 임금 때문만이 아니라, 항상 의사소통 창구가 열려 있다. 또한 성과 평가가 공정하며, 미래에 대한 비전을 심어주어 자신의 성장이 곧 회사의 성장이라는 동기부여가 확실히 되어 있기에 그들은 오늘도 열정적으로 일하는 것이다.

셋째는 '기업에 대한 이미지가 어떻게 평가되고 있는가'이다. 이미지는 기업의 명성으로서 무형 자산 중 가장 큰 비중을 차지한다. 평판이 좋은 기업은 고객들의 사랑을 받아 그들은 좀 더 열린 자세로 다가설 것이고, 그들이 진열한 상품이나 광고를 주저없이 받아들일 것이며, 그들이 하는 말을 곧이곧대로 수용할 것이다. 또한 그 기업이 저지른 사소한 실수도 애교 있게 적당히 무시하고 넘기게 될 것이다. 반면에 이미지가 좋지 않으면 고객의 신뢰 회복을 위한 제반 비용의 증가와 더불어, 직원의 사기 저하를 불러일으킨다. 또한 이런 직원들의 애사심에 불을 지피는 시간과 노력, 그리고 수반되는 비용은 기하급수적으로 증가될 것이다.

중국의 마윈 알리바바 회장은 "가전제품을 한 번도 사본 적 없는 어머니가 나에게 하이얼 제품을 사라고 하시기에 그 이유를 물었다. 어머니 말씀이 '직원이 집에 에어컨을 설치하러 오면 수건으로 바닥을 깨끗하게 닦아주고 간다'고 했다. 그 수건이 닦은 것은 바닥도 가전제품도 아니다. 바로 고객의 마음이다."라고 말했다. 직원들의 고객을 배려하는 세심함이 부메랑이 되어 회사를 성장시키는 원동력이 되는 것이며, 그들은 기업의 가장 큰 후원자이다.

앞서 가는 기업은 수많은 질투와 견제에 항상 시달리며 경쟁사나 언론은 우수한 기업의 흠집을 찾아, 정글의 하이에나처럼 헤맨다. 그러기에 이미지를 관리하는 별도의 팀을 구성하여 철저히 유명세를 관리하는 능력을 가져야 한다. '명성은 무너지기 시작하면 한순간이기 때문이다.' 얼마 전 미국 편의점 랭킹 2위인 CVS 래리 멀로 회장은 고객 건강을 최우선시한다는 전략의 실천 일환으로 7,700여 개 매장에서 담배 판매를 금지하기로 결정하여 금연 캠페인의 선두주자로 나섰다. 이는 매년 담배 흡연으로 인한 미국 내 사망자가 48만 명에 육박한 가운데, 조제약을 팔면서 담배를 판매하는 모순을 떨쳐버리기 위해 과감한 결정을 하게 된 것이다. 이로 인하여 기업 이미지는 제고되었으나 연 매출 약 20억$(약 2조 원)의 손실을 감수하는 용기 있는 결정으로 찬사를 받고 있다. 눈앞의 이익을 과감히 버린 이런 용기 있는 결정이 진정 고객을 위하며 사회와 호흡하는 통큰 기업으로서의 행보가 아닌가 생각된다.

요람에서 무덤까지 서비스

인간은 태어나는 순간부터 서비스와 인연을 맺어 유아기부터 삶을 다 마치는 무덤까지 서비스와의 긴 여정이 시작된다고 본다.

이러한 여정 중에 자신이 처한 나이나 직위의 입장에서 상대나 조직이 원하는 수준의 서비스를 제공하지 못할 경우에 '~답지 못한 사람', '자리값도 못 하는 사람', '영양가 없는 사람'으로 평가된다. 때로는 경쟁에 뒤처지거나 아니면 타인으로부터 괄시를 받으며 힘든 삶을 살아가게 된다.

다시 말해 인격 도야가 부족하여 인격과 품격이 떨어지며, 양심의 거울 앞에 당당하지 못하여 인간답지 못할 뿐만 아니라, 탐욕과 불명예로 얼룩진 사람으로 평가받아 뒷담화의 주인공으로 입방아에 오르내리게 된다.

그러면 요람에서 무덤까지의 인생 여행의 여정에서 어떤 서비스를 만나게 되는지에 대하여 알아본다.

■부부자자 서비스

우리는 태어나면서 하늘이 준 인연인 부모와 자식 간의 天倫(천륜: 부모와 자식 간은 하늘의 인연으로 정해진 사회적, 혈연적 관계이며 끊을 수 없는 관계)로 만나게 된다. 이 만남은 서로 간에 지켜야 할 도리를 가지며, 이 도리는 곧 서로 간의 서비스 원칙이라 할 수 있다.

중국 고전인 논어에서 공자는 바람직한 부모와 자식 간의 관계에 대해서 父父子子(부부자자 : 아버지는 아버지 노릇을 하고, 자식은 자식노릇을 하여야 한다.)라고 하였다. 저자의 부모는 세상을 하직하셨지만 그분들이 생전에 하신 자식에 대한 서비스는 과할 정도로 만족할 만한 서비스였지만, 자식으로서 부모님에 대한 서비스는 흡족하지 않았다고 생각된다. 마찬가지로 독자분들도 지금 저자와 같은 상황을 염두에 두고, 부모님과 자식 간의 서비스 만족도를 생각해보면 어떤 평가를 할 수 있을까?

최근 지방 선거에서 불거진 부부자자의 사례들은 우리에게 많은 시사점을 주지 않았던가?

J후보의 경우, 고등학교에 다니는 아들의 SNS 글이 문제가 되어 큰 이슈가 되었다. 이로 인해 박빙이던 선거판에서 결국 상대 후보가 당선되는 빌미를 제공한 일이 있었다. 물론 아직 사리 분별이 부족한 고등학생이지만, 선거라는 것이 상대방 흠집 내기로 전락하다 보니 표심에 영향을 초래하여 결과를 바꾸지 않았나 하는 아쉬운 생각이 든다. 그야말로 자식된 도리를 못함으로써 아버지에게 나쁜 영향을 끼친 사례이다. 또한 교육감 선거에 입후보한 G후보는 이혼 전 두 딸의 외국 유학 중에 아버지로서 사랑과 관심을 베풀지 않았기 때문에 학생들을 미래의 리더로 육성할 교육의 수장에 부적절한 인물이라고, 자기가 낳은 자식으로부터 알려진 사건

이 빌미가 되었다. 이렇게 G후보의 큰딸이 SNS에 G후보의 아버지답지 못한 행동과 처신에 대한 글을 게재하자, 그전까지 당선이 확실시되던 판세가 급하락했다. 이렇게 자기의 위치에서 본분을 다하지 못했을 시 공무를 수행할 공인으로서 부적격자로 인정되어 자신의 꿈을 접는 시대가 되어 버린 것이다. 반면에 모 중견 탤런트는 술을 좋아하는 습관으로 인하여 생긴 간암 판정으로 사경을 헤매고 있을 때, 아들이 자신을 위해 위험을 무릅쓰고 간 이식을 성공적으로 함으로써 자신을 낳아주고 길러준 아버지에 대한 보은의 효도를 한 사례를 접하게 되었다. 필자는 아버지와 자식 간의 아름다운 천륜을 확인하는 이런 감동적인 이야기를 통하여 아직 삭막한 사회는 아니라는 생각을 하게 된다. 예로부터 대한민국을 동방예의지국이라 하지 않았던가? 아직까지 예절의 나라로서 전통을 계승하는 DNA 불씨는 꺼지지 않고 영원히 사라지지 않을 것이라는 희망에 흐뭇한 미소를 지었다.

바람직한 부모와 자식 간의 관계는 서로가 자신의 위치에서 자신이 맡은 역할에 어울리는 행동을 하는 것이다. 즉, 아버지는 아버지다워야 하고, 자식은 자식다울 때 하늘이 준 인연이 감동으로 승화되리라 본다.

■ 사사제제 서비스

사사제제(師師弟弟 : 스승과 제자 간의 도리)란 스승과 제자 간의 도리로,

스승으로서 제자를 사랑하고 제자로서 스승에 대한 신뢰와 존경심을 가짐으로써 맺어진 서비스이다.

유교에서는 君師父一體(군사부일체 : 임금과 스승과 아버지는 하나다)라 하여 스승의 존엄에 대해 얘기했다. 현대사회에서 과연 존경받을 진정한 스승은 얼마나 될까? 독자분들도 지금이 있기까지 진정한 스승으로 대접할 분이 몇 분이나 되는가?

필자가 좋아하는 한국 프로 야구계에서 명장으로 불려지는 김성근 감독은 내일의 선수들을 조련시키는 데 있어서 그 누구도 따라올 수 없는 능력자로 인정받는다. 그는 능력은 있되 훈련을 게을리하거나 슬럼프에 빠진 선수들을 자기만의 차별화된 훈련법으로 최고의 선수로 육성하여, 그들로부터 영원한 스승으로 존경을 받을 만큼 화려한 족적을 남겼다. 얼마 전 같은 또래의 모임에서 학창 시절 선생님들을 안주 삼아 이야기하다가 보니 선생님 같은 사람은 있어도 선생님다운 분은 정말 드물다는 생각이 들었다. 저자는 중학교 시절 P라는 영어 선생님을 3년 동안 담임으로 모시면서, 청소년기에 상당한 갈등을 겪은 적이 있었다. 그분은 고아로 자라나서 그런지 상당히 금전에 밝아서, 과외 수업을 강요했다. 심지어 과외 수업을 받지 않는 학생에게는 눈에 띄게 차별적인 행동을 하여, 예민한 시기에 한순간 부모님을 힘들게 한 적이 있었다(이하 중략).

초·중·고 학창시절 불렀던 '스승의 은혜'라는 노래의 가사를 음미해 보자.

‘스승의 은혜는 하늘 같아서 우러러볼수록 높아만지네, 참되거라 바르거라 가르쳐 주신, 스승은 마음의 어버이시다’와 같이 스승은 훌륭한 지도자로서 제자를 이끌어 성장의 방향을 제시해 주며, 아버지 같은 사랑의 돌봄과 살아가면서 가져야 할 필요한 지식의 밥을 채워 주시는 분이어야 한다.

탈주범 R 씨는 ‘언제부터 남의 물건을 훔치게 되었는가?’라는 물음에 “초등학교 시절에 집안 형편이 어려워 준비물 살 돈이 없어서 준비물 없이 학교에 갔더니, 선생님께서 혼을 내면서 하시는 말이 ‘야, 이놈아! 돈이 없으면, 훔쳐서라도 준비해야지!’라는 말을 했다. 이 말을 듣고 훔치는 것에 죄의식이 없어졌고, 그때부터 훔치기 시작했다.”라는 이야기가 있다. 아무튼 사리판단이 서지 않고 모든 것에 예민한 청소년기에 지도자의 위치에 있는 사람들의 말 한 마디가 때로는 인생을 바꾸는 촉매제가 된다는 사실을 알아야 한다. 말로 입은 상처는 평생을 가기에, 말 한 마디도 주의해서 해야 함을 일깨워주는 사례라 볼 수 있다. 반면에 반기문 UN사무총장은 고등학교 시절 국제 적십자사 비스타(VISTA) 프로그램의 한국 대표로 미국 대통령인 John F. Kennedy를 만나면서 외교관의 꿈을 현실로 전환시킨 모범적인 인물이 아닌가? 마찬가지로 어떤 지도자를 만나는가에 따라 인생의 대전환점이 될 수도 있는 것이므로, 스승은 참스승으로서 이미지 관리에 신경을 써야 한다.

최근 일어나고 있는 스승을 비난하는 제자들의 행동은 물론 스승이 잘못된 행동을 했으니 그러했겠지만, 군사부일체의 정신이 사라져 감에 안타까움을 느끼기도 한다. 까발리기식 자세를 자제하고 스승답고 제자다운 서로 간의 역할을 스스로 완수하여, 사사제제의 서비스가 감동으로 이어져야 한다.

■ 우우아아 서비스

友友我我(우우아아 : 친구와 나 자신 간의 서비스) 서비스는 친구와 나 사이의 서비스를 말한다. 인간은 태어나서 죽을 때까지 항상 곁에 친구가 있다. 친구란 모든 것을 나누며, 슬플 때는 나의 슬픔을 자신의 등에 지고 가는 사이이며, 기쁠 때는 서로 부둥켜 안고 같이 환호를 지르며 즐거워하는 사이이다. 아리스토텔레스는 '친구란 두 개의 몸에 깃든 하나의 영혼'이라고 말했듯이, 친구란 항상 같은 곳을 바라보며 일체된 생각을 위해 서로가 배려하며 양보하는 존재라 생각된다. 저자는 직원 채용 면접에서 가장 친한 친구 3명을 꼽아 보라는 질문을 항상 한다. 이유는 친구를 보면 그 사람의 품격을 알 뿐만 아니라, 친구가 '제2의 자신'이기 때문이다.

중국 제나라 시절의 관중과 포숙아 사이의 管鮑之交(관포지교 : 관중과 포숙아처럼 좋은 친구 간의 사이)는 후세들에게 약방의 감초처럼 등장하는 자구이다.

세상을 살다 보면 내 평생의 도움이 되고 마음의 안식처가 되는 친구가 있는가 하면, 때로는 애증의 친구도 있다.

필자 주변에도 좋은 친구도 많지만, K라는 친구는 나에게 엄청난 재산상의 손실을 안겨준 친구로 남아 있다. 돌이켜 보면 그 친구가 잘못된 것이 아니라, 그 당시 누구도 서지 않는 보증을 당당히 선 나의 책임이 더 클 것이다. 지금은 추억의 한 페이지로 기억되지만 왠지 씁쓸한 마음이 드는 것은 지울 수가 없다. 그래서 키케로는 '운명의 기복은 친구의 신뢰를 시험한다'고 했던 것인가?

진정한 친구는 만나면 좋고 즐거우며, 헤어지면 보고 싶어지는 사이가 아닌가 생각된다. 친구는 서로 간의 결점을 보면서도 덮어주는 사이가 아니라, 그 결점을 고쳐주는 사이이다. 나는 나에게 바른 말을 해주는 친구를 좋아한다. 사람마다 성격이 다르고 입맛이 다르듯이, 친구의 성격에 따라 맞춰주기도 한다. 하지만 친구의 미래를 위하여 고쳐야 할 점이 있다면 순간의 관계가 냉랭해질지언정 '바른 소리'를 해야 된다고 생각한다. 저자가 20살 무렵, 어느 날 아버지께서 친구에 대해서 말씀하시면서 '술로 사귄 친구는 술이 깨어 봐야 알 수 있고, 돈으로 사귄 친구는 너의 돈이 없어져 봐야 친구의 진가를 알 수 있다.'라고 하셨다. 이제 나이가 반백 년을 넘어서니 새삼스럽게도 그 말씀의 의미를 느끼게 된다. 즉 내가 풍요로울 때는 친구들이 나를 알게 되고, 내가 어려울 때는 내가 친구를 알게 된다는 것을 깨닫게 해주는 것이다.

미국에 57년 닭띠 모임인 '꼬꼬회'라는 명칭의 모임이 있다. 현재회원은 15명으로, 한 달에 한 번씩 정기모임을 가지고 가끔 '번개팅'도 한다. 만난 지는 3년째 되었지만 만나면 항상 즐겁고 새롭다. 이 나이 정도가 되면 아이들도 대학을 졸업하고 취업하였기 때문에, 목돈 들어갈 곳이 없어서 얼굴에 마음에 여유가 나타난다. 또한 나이 들어서 만나니, 그동안의 여러 모임에서 보고 겪은 내공이 쌓여서 화기애애하게 만나는 것 같다. 지금 이 순간의 친구들이 인생의 마지막까지 가야 할 진정한 친구들이 아닌가 생각해 본다.

누가 이야기했듯이 '새벽에 전화를 걸어 진심으로 받아줄 수 있는 친구가 진정한 친구'라고 했다.

독자분들도 진정한 우정을 위해 자신이 무엇을 어떻게 서비스해야 하는지 생각해보는 시간을 가져보는 것은 어떨까? 또한 내가 지금 이 세상을 떠난다면 몇 명의 친구가 나의 영정 사진 앞에 와서 슬퍼할지를 생각해보고, 친구에게 받는 서비스가 아닌 내가 먼저 베푸는 서비스를 작은 것부터라도 실천해 보면 어떨까!

친구와의 관계는 'Give & Take가 아닌 Give & Give'의 자세를 가지는 것이 바람직하지 않겠는가?

■ 군군신신 서비스

君君臣臣(군군신신 : 임금은 임금다워야 하고 신하는 신하다워야 한다) 서비스는 논어에 나오는 공자의 말씀이다.

현재의 임금은 국가의 지도자인 대통령, 회사의 책임자인 CEO, 영원한 왕인 고객을 지칭한다. 크게는 지도자급 위치에 있는 사람들이라 할 수 있다.

눈만 뜨면 기사화되는, 지도자들의 잘못된 행태가 눈살을 찌푸리게 한다. 지도자의 위치에 있으면서 지도자답지 못한 그릇된 인식과 발언, 그리고 가치관의 오류와 잘못된 처신을 하는 것이다. 이로 인하여 선거에서는 유권자의 외면을 받고, 회사에서는 CEO의 비윤리적이고 독단적인 경영 관리와 주변 인맥 관리가 철저하지 못하여 노사 문제의 쟁점화가 되고, 고객 입장에서는 극소수의 진상 고객(사회 통념상 상식 수준을 벗어난 일탈 행위를 하는 고객)으로 인한 여론 몰이가 사회 공기를 험악하게 만들고 있다. 이런 일이 발생하는 이유는 각자가 자기의 신분과 직위에 따라 부여받은 임무와 역할을 망각하고, 도덕과 윤리에 역행하는 자세와 처신을 하기 때문이다. 직장생활 30년의 경험에서 T라는 회사의 경영자는 조직의 요직을 두루 섭렵한, 실력으로는 따를 자가 없는 사람이었다. 그러나 안타깝게도 인품은 신입사원 수준도 못 되어서, 그 조직을 떠난 시점에서 OB모임에서조차 왕따를 당하는 것을 보았다. 이 사람은 사생활이 너무 엉망이며, 부하를 배려하지 않고, 자기의 권한을 이용하여 아랫사람의 사생활은 안중에도 없었다. 하지만 회장의 눈에는 천하의 그런 충복이 없었기에 단편만 보고 중용한 것이 화근이 되어, 결국 조직의 결집력을 와해시키는 단초가 된 적이 있었다. 따라서 직위가 위로 올라갈수록 진심으로 존경 받을 수 있는 인성과 품성을 가진 리더가 되어야 한다. 특히 경영자들은 CEO 앞에서 고개를 잘 숙이는 사람을 등용할 것이 아니라, 임용하기 전 해당 부서의 직원들에게 어떠한 인물인지를 철저히 검증하고 확인하는 과정을 거쳐 임명해야 한다. 즉 경영자의 능력은 아랫사람들이 잘 알기 때문이다.

컨설팅 생활을 통해서 볼 때 그 조직의 ICON(그 분야에서 우상시되는 인물)이라 불리는 경영자의 수준을 보면 회사의 미래를 알 수 있다. 그들은 직원들의 열정에 불을 지펴 괄목할 만한 성과로 보답하기 때문이다.

맹자는 多助之至 天下順之(다조지지 천하순지)라고 하였다. 의미는 '나를 도와주는 사람이 많아지면 천하가 순종하며 따른다.'는 뜻이다. 다시 말해 도와주는 사람이 많아지려면 먼저 모든 면에서 모범을 보이고 인화를 통하여 직원들을 단결시켜야, 조직이 원하는 목표를 달성할 수 있다는 것이다.

'고객은 왕이다!'라는 말은 서비스 현장에서 귀가 아프도록 많이 들어본 말이다. 서비스 현장에는 왕들이 많다. 현장에서 호흡하는 서비스맨들의 입을 통해서 회자되는 왕들을 보면 다음과 같다.

첫째 : 고객의 위치에서 품격을 가지고 직원들에게 인격적으로 대해주는 '매너짱 고객'이 있다. 예) 항상 웃으며 칭찬을 아끼지 않는, 보고 싶은 고객.

둘째 : 말도 안 되는 생트집을 잡아 진상을 떠는 '막무 가내형 고객'이 있다. 예) 서비스하는 표정과 말투가 안 좋다고 트집 잡는 고객(비행기에서 발생한 라면상무 사건).

셋째 : 본인 부주의로 생긴 문제를 떠넘기는 '면피형 고객'이 있다.

예)쇼핑 카트가 높아 음료수 병이 떨어졌다는 식으로 '~때문에'를 강조하는 고객.

넷째 : 상황 설명은 뒤로한 채 무조건적으로 떼쓰는 '묻지마 고객'이 있다. 예)할인 기간이 지난 건 알지만, 그래도 할인해줘!

그 외에도 여러 유형의 고객들이 있지만 대표적인 것만 들어 보았다. 물론 고객은 왕이지만 왕으로서 최소한의 예의는 갖춰야 하지 않겠는가? 진짜 왕이라도 거지꼴을 하거나, 상식을 초월한 일탈적인 행위를 하는 것은 스스로를 고객의 위치가 아닌 苦客(고객 : 고달픈 고객)으로 인식될 수 있게 하는 것이다. 그렇기에 '왕 대접을 받고 싶으면 기본적인 왕의 품격은 가져야 한다.'는 것이다. 따라서 서로를 위하고 사랑하는 관계의 서비스가 필요하다고 하겠다.

그다음으로 신하 입장인 종업원은 조직의 규정을 준수하며 주어진 임무와 역할을 성실히 수행하여야 한다. 그럼에도 불구하고 최근 불거진 모 유통 회사 직원이 고객에게 경품으로 제공해야 할 상품을 조작하여 친구와 나눠먹기식 범죄를 저지른 일 등이 일어나기도 한다. 이 외에도 정당한 값을 지불하지 않고 회사의 상품을 무전 취식하거나 절도를 하여 가져가는 행위, 작업스킬 부족으로 팔아야 할 상품을 버려지게 하는 행위, 회사 공금에 손을 대는 행위, 개인의 감정을 추스르지 못해 고객에게 화풀이하는 행위 등이 신하답지 못한 행위라 볼 수 있다.

인터넷에 올려진 글 중에서 조아(爪牙)와 쟁우(諍友)'에 관한 메시지를 보면 독수리의 발톱(爪)과 호랑이의 이빨(牙)을 상징하는 조아(爪牙)는 '자기를 보호해주는 강력한 무기'를 의미한다고 한다. 그리고 사람에게 조아(爪牙)는 '힘들고 어려울 때 진정한 충고와 도움을 줄 수 있는 친구, 또는 적들로부터 위기에 처했을 때 자신을 희생하여 구해줄 수 있는 신하를 의미하며 공자께서 이를 쟁우(諍友)라고 했다. 또한 선비라고 하면, 쟁우(諍友)가 1명 이상 있어야 하고, 황제가 되려면 諍臣(쟁신)이 7명은 있어야 한다고 했다. 이와 같이 독자분들은 '나는 누구에게, 나에게는 누가 조아(爪牙)와 쟁우(諍友)인가?'를 되돌아보는 시간을 가져 봄은 어떻겠는가. 따라서 군군신신의 만족된 서비스를 위해서 회사는 '고객의, 고객에 의한, 고객을 위한 서비스'가 되도록 경영의 초점을 맞추고 실행하며, 고객은 '고객의 품격과 고객다운 자세로 왕의 지위를 확보'하기 위해 노력하는 것이 바람직하다고 생각된다.

■ 부부부부 서비스

夫夫婦婦(부부부부 : 남편과 아내 간의 서비스로서 남편은 남편다워야 하고, 아내는 아내다워야 한다) 서비스는 한 마디로 반쪽짜리 두 개가 아닌, 즉 2개의 물방울이 모여 하나가 되는것을 의미한다. 이렇게 되기 위해서는 1+1이 만나 2가 되는 것이 아니라 1/2+1/2=1이 되어야 된다. 서로가 다른 환경, 다른 음식, 다른 취미, 다른 성격으로 성장하였기 때문에 행복한 가정을 위해서는 상대가 좋아하지 않는 반쪽을 버릴 줄 알아야 한다. 그렇지 않으면 易地思之(역지사지 : 상대편의 입장에서 생각)가 되지 않아 다툼의 불씨가 되고, 급기야 돌이킬 수 없는 선택을 하게 되는 것이다.

부부란 가위와 같아서 두 개의 날이 똑같이 움직여야 제대로 된 가위질이 되는 것과 같다. 저자도 결혼한 지 거의 30년이 다 되었지만 때로는 티격태격할 때도 있다. 하지만 30~40대 때는 일방적으로 내 입장만 고수한 반면, 지금은 집사람 입장을 배려하려 많이 노력하는 편이다. 부부싸움이란 아무것도 아닌 것이 빌미가 되어 나중에는 감정 싸움이 되는 것이 일반적이며, 가끔은 해야 된다고 생각된다. 이유는 헤어지기 위한 싸움이 아니라 서로 간의 의견을 조율하는 기회, 즉 맞춤 서비스를 위해 상대방의 니즈와 원츠를 확인하는 계기가 되기 때문이다.

부부란 남남이 만나 무촌으로 시작하나, 천륜 관계인 자식을 낳고 기르며 세상에서 가장 아름다운 인연으로 발전하는 것이다. 따라서 물과 기름이 아닌 한 방울의 물로서 서로가 겉돌지 않고 상대를 배려하며, 언제나 꽃밭에 물을 주듯 가꾸어 집안에 사랑의 향기가 진동하고 以心傳心(이심전심 : 마음과 마음으로 서로가 뜻이 통함)이 되도록 서로가 노력하는 것이다.

부부는 서로가 마주 보며 생을 살아가는 거울과 같은 인연이므로 한쪽이 얼굴을 찡그리면 마주 보는 상대도 찡그리게 되는 법이다. 이는 곧 '콩 심은 데 콩 나고, 팥 심은 데 팥 난다'는 속담과 같은 것이다. 가정의 행복을 바란다면 '상대방이 하는 것부터 보고 난 뒤에 행동하는 서비스가 아닌, 나부터 먼저 솔선하는 서비스'가 우선되어야 한다. 아울러 모든 문제의 불씨는 나 자신에게 있다는 마음을 가지고 상대방을 배려하는 자세가 곧, 부부부부 서비스의 핵심이 아닌가 생각된다. 다시 말해 사랑의 추가 어느 한쪽으로 일방적으로 기울어진 상태가 아니라면 사랑의 향기가 영원히 발산되어 백년해로가 됨을 기억해야 한다.

    -김병손 시인의 '夫婦(부부)'라는 시-

모여 있는 젓가락을 닦으며
어느 것에 짝을 맞추어야 할지
고민하게 된다.
같은 길이로 같은 모양으로
결국, 길이와 모양이 같아야
원하는 것을 집을 수 있다는 것
작은 상처들로 둥글어진
젓가락을 보고 알게 되었다.
젓가락도 처음에는 각진 모습으로
서로 부딪히며 소리내기도 하고
서로의 사랑 길이를 재보기도 하다
하나의 이상을 향해
십 년을 나란히 발맞추다 보니
서로의 숨결까지도 닮아 있는

모습이 되었던 것이다.
하루에도 몇 번씩
젓가락으로 삶을 집으면서
젓가락 논리를 종종 잊고 살아간다.

위의 시처럼 부부란 젓가락처럼 같은 길이로 닳아야 하며, 생활하면서 항상 젓가락의 법칙을 염두에 두고 처신해야 한다.

모 프로그램에서 할아버지 할머니를 모시고 사자성어로 낱말 알아맞히기 게임을 하였다.

할아버지 : 우리같이 오래오래 함께 사는 인연을 뭐라고 하는가?
할머니 : 평생원수!

정답은 '천생연분'이었다.

만약 독자 분들은, 현재 부부 간의 관계를 어떤 사자성어로 표현할 수 있겠는가?

우리 모두 '평생원수'가 아닌 '천생연분'이 되도록, 차곡차곡 만들어 가도록 하자! 그 옛날 불렀던 '잘 살아 보세'의 노랫말처럼 말이다.

잘 살아 보세 잘 살아 보세
우리도 한번 잘 살아보세 (중략)
어여쁜 한마음으로 가꾸어 가면
알뜰한 살림 재미도 절로
부귀영화는 우리 것이다. (중략)

감정을 컨트롤하라

■ 감정이란?

감정이란 무엇인가? 사전적 의미로는 '어떤 일이나 현상 또는 사물에 대하여 느끼고 표현하는 심정이나 기분'을 의미한다.

인간은 하루에도 여러 번 감정의 파도를 타고 있으며, 그 기상도에 따라 행동의 언어로 표현된다. 초등학교 시절 학교에서 유쾌하지 못한 일이 있었을 때 집에 오면 오늘 학교에서 무슨일이 있었는지 귀신같이 알아보는 어머니의 놀라운 신통력에 감탄을 했지만, 지금 와서 보면 모든 감정의 상태가 얼굴이나 하는 행동에 고스란히 나타났기 때문이라고 생각된다.

컨설턴트 생활을 통하여 아침에 출근하는 사람들의 표정을 보면, 그 사람들의 미래를 알아차릴 수 있었다. 같은 직급, 같은 샐러리를 받는데도 어떤 사람은 출근카드 체크 시 항상 즐거운 감정으로 화사한 웃음과 함께 하루를 시작하는가 하면 어떤 사람은 온 세상의 고민을 짊어진 예수님처럼 근엄하게 때로는 우울하게 힘없이 하루를 시작한다. 필자는 궁금하여 지속적으로 관찰한 결과 몇 년 후의 직장 생활에서 위치를 보면, 즐겁고 명랑하게 하루를 긍정적으로 만들어 간 사람들이 승진이나 대우에서도 그렇치 못한 사람보다 앞서 가는 것을 볼 수 있었다. 직장이라는 울타리를 벗어날 수 없다면, 즉 '피할 수 없다면 즐길 줄 아는 자만이 최후의 승리자'가 됨을 보여주는 사례라 할 수 있다.

세상의 천국과 지옥은 바로 여러분의 생각과 행동이 만들어감을 깨달아야 하며 그렇게 되도록 노력해야 한다.

정신의 언어가 육체의 언어로 바뀌지 않는 한, 행동은 일어나지 않는다.

옛말에 '아 다르고 어 다르다'는 말에서 보면, 말의 내용이 다르다는 뜻이 아니라 그 말을 받아들이는 사람의 감정이 다르다는 것이므로 항상 易地思之(역지사지)할 수 있는 자세가 필요하다.

좋은 사람과 나쁜 사람은 태어날 때는 없었지만 생활하면서 어떤 습관을 가졌는가에 따라 구분되며, 좋은 사람으로 평가되기 위해서는 나쁜 습관과의 영원한 이별을 고하고 좋은 습관을 습관화해야 하는 것이다.

■ 감정의 기상도 체크하기

우리가 아침에 일어나면 오늘의 날씨를 체크하듯이 감정의 기상도를 체크하여 좋은 상태라면 유지를 위해 노력하고, 나쁜 상태라면 감정을 잘 다스려 문제가 발생되지 않도록 컨트롤해야 한다.

네덜란드 철학자이며 감정의 윤리학자인 베네딕트 드 스피노자(Benedict de Spinoza)는 《에티카》라는 책에서 인간은 48개의 감정이 시시각각으로 상충하고 있음을 제시하였다.

48가지의 감정 중에서 일상생활에서 많이 나타나는 몇 가지를 소개하면 자긍심, 경쟁심, 야심, 대담함, 탐욕, 반감, 당황, 두려움, 동정심, 복수심, 수치심, 슬픔, 쾌감, 질투, 후회, 희망, 오만, 겸손, 감사, 명랑, 환희, 조롱, 멸시 등이다.

우리의 감정이 어떤 상태인지 스스로 확인을 해보고 불미스러운 일이 발생하지 않도록 감정을 조절하여 예방하는 것도 직장생활을 보람차게 하는 방법이라고 생각된다.

감정의 기상도를 체크하기 위한 감정 체크판은 예일대 데이비드 카루소 David R. Caruso 박사가 개발한 자기감정 진단 방법이다. (참조 : 함규정의 친절한 감정수업 중에서)

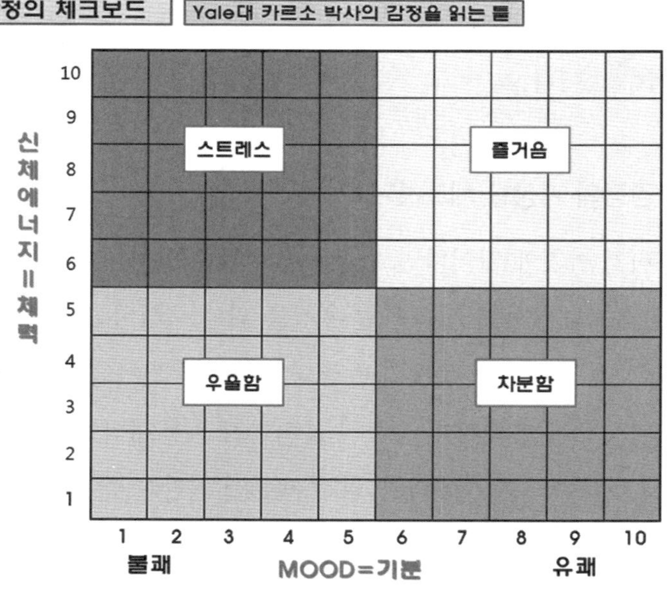

• 진단방법과 해석 & 조치는 어떻게?

1. 가로축은 자신이 느끼는 현재 기분 상태이며, 0에 근접할수록 아주 불쾌한 상태, 10에 근접할 수록 아주 유쾌한 상태이다.

2. 세로축은 자신이 느끼는 에너지 수준을 의미하며, 0에 근접할 수록 체력이 방전된 상태이며, 10에 근접할수록 파워가 넘치는 상태이다.

3. 가로축과 세로축의 해당 좌표를 읽고 이를 토대로 자기의 감정 상태를 파악한 후, 좋은 상태는 더욱 좋게 유지하거나 나쁜 상태는 힐링을 통해 자신에 맞는 조치를 취한다. 즉 좋아하는 취미생활이나 좋아하는 것을 함으로써 감정의 물주전자에 쌓인 스트레스를 폭발하기 전에 해소를 해야 한다.

• 생활의 활용

1. 아침 기상시, 점심 식사 후, 잠자리 들기 전에 하루 3번을 체크하여 감정 기상도를 작성한다.

2. 좌표상 5.5이하의 상태가 3번 이상 연속적으로 발생 시 감정의 스트레스가 누적되는 상태이므로 스트레스 해소를 위한 조치를 취한다.

3. 조직원 간 체크나 가족 간 체크를 통하여 원활한 소통문화 조성은 물론 신바람 나는 생활이 되도록 적극 활용한다.

서비스 3.6.9법칙

사회생활을 통하여 보면 적당히 하는 공부에 성적이 오를 수 없고, 적당히 뛰는 선수가 1등 할 수 없으며, 적당히 하는 직장생활이 즐거울 수가 없다. 또한 적당히 하는 요리가 맛있을 수가 없으며, 적당히 하는 서비스가 고객으로부터 사랑을 받지 못하는 것이 당연한 것이다. 인생 또한 적당히 살아서는 재미와 성취감을 느낄 수가 없다.

누구나 최고가 되고 싶어하지만 막상 일과 맞닥뜨리면 적당히 하면서 최고의 성과를 바랄 뿐, 열정을 가지고 일에 임하지 않는다. 즉 노력보다 기대를 더 크게 가지는 것이다. 그러나 요행이 아니면 '뿌린 대로 거두는 것이 인과응보의 법칙'이다.

서비스로 경쟁력을 차별화하기 위해서는 기본적으로 '369법칙'을 전 조직 구성원들이 이해하고 스스로 습관화하여 고객의 오감을 만족시키는 영혼을 담은 서비스로 감동의 메시지를 제공해야 한다.

■ 서비스 3S

진솔하며 영혼이 담긴 접객서비스를 위해서 3S가 필요하다.

1. 스마일(Smile)

항상 웃는 얼굴로 입꼬리를 올리면서 응대해야 한다. 영어의

Smile은 1마일(Miles)이 되도록 길게 웃는 의미를 내포하고 있다.

웃음은 좋은 인간 관계의 출발점이며 가장 중요한 첫 인상이다. 우리가 남을 평가할 때도 '그 사람, 웃는 모습이 좋다'로 평가하며 '참 인상 좋다'라고 하지 않는가?

그래서 인상이 좋으면 인생이 바뀐다고들 한다.

웃음을 통해 엔돌핀을 마음껏 방출하여, 개인의 건강을 유지하며 직장생활을 윤택하게 할 뿐만 아니라 고객으로부터 '오고 싶은 매장, 입소문 내고 싶은 매장'으로 이미지화 되어 '인기짱 직원, 품격 있는 매장'으로 자리매김할 수가 있다.

• 만병 통치약 9불약

동서고금을 통하여 전해 내려오는 웃음의 효과는 만병 통치약으로서 9가지 不(불)증상을 치유해 준다고 해서 9不藥(불약)으로 불려 왔다.

9불약은 중국 당나라의 송청이라는 명의가 있었는데 한약방에 환자들이 문전성시를 이뤄 큰 명성과 부를 이루자, 어느 날 가난한 한의사가 찾아와 대박의 비결에 대하여 물어보았다. 명의는 '9불약' 때문이라고 비방(秘方)을 알려준다.

명의가 말하는 9불약은 다름 아닌 '웃음'이었다. 그러면 9불을 치유해주는 신비로운 약효는 무엇인가에 대하여 알아본다.

① 불신(不信) : 웃음은 상대방이 내게 갖는 불신을 없애준다. 상대방이 나를 의심하지 않게 하여 신뢰 관계를 맺는다.

② 불안(不安) : 웃음은 나와 타인의 불안을 해소한다. 나와 상대방에게 불안한 마음을 없애주어 편안함을 유지한다.

③ 불앙(不怏) : 웃음은 원망과 앙심을 없애준다. 상대방이 나에게 앙심을 품지 않게 하여, 원만한 관계를 유지한다.

④ 불구(不勾) : 웃음은 내 마음이 곧음을 드러내 준다. 상대방에게 내 마음이 곧다는 사실을 알려주어 반듯함을 드러낸다.

⑤ 불치(不直) : 웃음은 물건값을 속이지 않음을 보여 준다. 내가 적정한 물건값을 제시하여 속이지 않음을 알려준다.

⑥ 불의(不倚) : 웃음은 나에 대한 거리감을 없애 준다. 나와 상대방 사이에 거리감을 없애주어 친근감을 준다.

⑦ 불충(不衷) : 웃음은 성의가 없다는 생각을 없애 준다. 상대가 성의가 없다고 느끼지 않도록 정성을 다하는 느낌을 준다.

⑧ 불경(不敬) : 웃음은 공손하지 않다는 생각을 없애 준다. 나에게 공경하는 마음이 없다고 느끼지 않게 해주며, 겸손하게 행동하는 느낌을 준다.

⑨ 불규(不規) : 웃음은 원칙을 어길지도 모른다는 의혹을 없애준다. 나의 언행이 원칙에 어긋난다고 느끼지 않도록 해준다.

어린시절 방학 때 경북 안동의 외갓집에 가면, 저자가 외출할 때 외할아버지께 인사를 드리면 하시는 말씀이 "밖에서는 그저 구불구불하여라."라고 말씀하신 기억이 난다. 처음의 구불은 사람들을 만나면 겸손하라는 굴신(屈身)의 구불이며, 두 번째의 구불은 구불약(九不藥)의 구불로서 얼굴에 항상 웃음을 머금고 밝게 행동하라는 말씀이다.

현대사회를 살아가는 우리는, 대인관계에서 부정적인 요인으로 작용하는 9가지 9불을 최소화함으로써 타인으로부터 괜찮은 사람으로 이미지화 되도록 노력해야 한다.

2. 스피드(Speed)

기다리는 것을 좋아하는 사람은 아무도 없다. 그중 한국 사람은 더욱 더 조급함을 느낀다. 미국에 살면서 타 문화권의 사람들을 관찰해 보면, 사탕을 먹는 것 하나만 보아도 타 문화권의 사람들은 거의 빨아 먹는다. 하지만 대부분의 한국 사람들은 깨물어 먹으며, 이것 또한 일종의 조급함이라고 볼 수 있다. 마트의 푸드코트에서 식사를 하는 것을 보면, 그중 독보적으로 번개같이 한 그릇을 뚝딱 해치우는 것도 한국인이다. 또한 커피 자판기에다 코인을 넣고 종이컵에 커피가 내려오기 전에 손을 대다가 커피에 손을 데이는 모습도 '빨리 빨리'의 습성이 빚어낸 촌극이다. 아울러 지연, 학연, 혈연, 동우회 모임 등에서도 '번개팅'을 가끔 하는 것을 보면 한국인의 정서가 반영된 것이 아닌가 생각된다.

지금 유통기업들은 특히 고객에게 서비스 시간 단축을 위한 타임 마케팅 경기를 벌이고 있다. 선두주자로 도미노 피자의 '30분 룰'이 있다. 이것은 주문 후 30분 내 배달이 안 될 경우 할인 혜택을 준다는 것이다. 스타벅스 커피의 경우, 고객에게 커피가 전달되는 Lead Time(리드타임 : 주문 후 커피 제공 완료까지 걸리는 시간) 30초 단축을 위해(30초면 대기 줄에 서 있던 고객이 경쟁 매장에 가서 그쪽 점원과 대화를 나누고 있을 만한 시간) 5년간 수많은 노력과 비용 투자를 했다. 또한 아마존의 배송시간 단축을 위한 도전, 은행의 기다리는 시간에 대한 보상 등 전 분야에서 시간과의 전쟁을 하면서 차별화된 경쟁력을 확보하려고 전력을 다하고 있다.

이처럼 타임 마케팅'(Time Marketing)은 시간을 마케팅의 수단으로 활용함으로써 '고객이 싫어하는 것은 줄여주고 좋아하는 것은 늘려주는 마케팅'이며 앞으로도 고객의 시간을 소중히 여기는 서비스는 지속적으로 발전하며 성행할 것이다.

3. 스마트(Smart)

스마트해지기 위해서는 첫째로 깔끔하고, 둘째로 현명하며 셋째로 재미있어야 한다.

① 깔끔하라

소비자는 누구나 청결하고 깔끔한 것을 좋아한다. 미국 슈퍼마켓을 이용하는 고객들을 통해 '마켓에서 가장 원하는 것은 무엇인가?'라는 조사를 한 결과 무엇보다도 중요한 것은 '위생과 청결'이라고 응답했다. 이를 위해 먼저 종업원의 단정한 복장 및 용모, 미소 띤 얼굴, 명랑하고 싱그러운 음성을 통한 고운 말씨 사용으로 고객에게 신뢰와 만족을 제공해야 한다.

단정한 용모와 깔끔한 복장을 하고 있으면 직원으로서의 품격 유지는 물론, 신뢰의 향기가 배어 나오기 때문이다. 아울러 매장 분위기와 시설물은 항상 청결하고 위생적으로 철저히 관리되는 모습을 항상 유지해야 한다. 그러기 위해서는 청소에 대한 생각을 바꿔야 한다.

향후 청소는 더러울 때 하는 것이 아니라 더러워지지 않도록 유지하고 관리하는 것임을 알고 대처해야 한다. 특히 화장실의 청결 수준이 곧 매장의 이미지를 좌우하는 중요한 요소임을 인지하고 관리 및 유지에 소홀함이 없어야 한다. 매장이 청결하지 않으면 모든 식재료도 불결하게 느껴지기 때문이다.

② 현명하게

감동을 주는 서비스를 위해서 직원들은 필요한 지식을 습득하고 이를 활용할 줄 알아야 한다.

예를 들면 슈퍼마켓의 얼굴 역할을 수행하는 청과는 매장 입구에 진열되어 고객과의 첫 만남을 주선하고 이에 대한 평가가 곧 매장의 이미지로 확정되는 중요한 접점이다. 그럼에도 불구하고 고객이 '여주(Bitter Melon)가 어디에 좋은가요?'라고 물어왔을 때 직원이 상품 지식이 부족해서 '잘 모르는데요?'라고 응대한다면 고객은 '상품을 취급하면서 상품 지식도 없는 직원에 대한 불만과 더불어 전체 상품에 대한 신뢰가 저하될 것은 분명한 사실이다. 이처럼 식재료를 취급하는 담당자들은 최소한 기본적인 상품 지식(영양소, 알레르기 여부, 연관 상품 지식, 보관 방법 등)과 기본 레시피(요리법)에 대해서는 숙지하여 '언제, 어디서'나 고객의 질문에 바로 응대할 수 있는 지식과 품격을 지닌 현명한 서비스맨으로서의 역할을 수행해야 한다.

사례 필자가 매장의 홀세일 부서에 근무할 때 있었던 일이다. 이 부서에 배치된 지 1시간 정도 되었을까?

어떤 노신사 차림의 고객이 '쌀눈이 붙어 있는 쌀 있느냐!' 하고 물었다. 나는 '저, 이 부서에 온지 얼마 안 되었습니다.'라고 대답했다. 고객께서 '그래서 어쩌란 말이오?'라고 하여 한순간 당황한 적이 있었다. 즉 당신이 이 부서에 온 것은 당신 회사 사정이지, 내가 사고 싶은 상품과는 아무 관련이 없다는 의미였다. 그러더니 '쌀눈이 붙은 쌀을 알 턱이 없지.'라고 중얼거렸다. 사실 그 당시 필자는 쌀에 대하여 먹는 것 외에는 아무 지식도 없었다.

그날 이후로 쌀에 대한 지식을 습득함은 물론, 취급하는 모든 상품에 대해 공부를 하여 고객에 대응한 결과 '쌀 박사 아저씨'라는 닉네임을 가지게 되었다. 그래서 쉬는 날 고객이 와서 '쌀 박사 아저씨 어디 갔어요?'라고 할 정도로, 취급하는 상품의 전문가가 되었다. 그 이후 처음 근무 당시 상품을 몰라서 핀잔을 들었던 쌀눈이 붙은 그 쌀을(다른 쌀보다 가격이 1.5배 비쌈.), 쌀을 구매하려는 고객에게 어필하여 과거보다 5배 이상 판매 실적을 올린 적이 있다.

필자는 상품 지식으로 철저히 무장하고 고객을 응대할 경우, 그 상품에 대한 장점과 비싸면 비싼 이유를 친절히 설명하면 고객의 지갑이 열린다는 사실을 깨달았다.

불경기인 요즘은 매출이 부진할 수도 있다. 게다가 고객의 습성은 매일 먹던 음식만 구매할 뿐이지, 신상품이나 먹어보지 않은 상품에 대해서는 기피하는 것이 고객의 본성이라고 생각된다. 따라서 매장 근무자들은 팔고 싶은 상품을 선정한 뒤 해당 상품을 팔고야 말겠다는 근성을 가지고 현명해지도록 지식을 재충전하여 근무를 한다면, 그 분야의 달인으로 우뚝설 수 있는 것이다. 이렇게 근무하는 것이 남보다 더 열정적이며 가슴 뛰는 직장 생활을 하는 보람찬 방법이라 생각한다.

③ 재미있게

생존을 위해 악어에게는 튼튼하고 강한 이빨과 턱이 있다. 또한 독수리에게는 뾰족한 부리와 날카로운 발톱, 멀리 볼 수 있는 눈, 그리고 날개 등이 있듯이 서비스업을 하는 매장은 고객들에게 즐거움을 선사할 재미거리인 fun이 있어야 한다. 이런 재미거리가 없으면 고객의 외면을 받는 것은 당연하다. 이는 곧 매일 올라오는 반찬에 식상하듯이 매력이 없는 뻔뻔한 매장으로 전락하게 된다. 따라서 생활의 윤활유인 재미가 스며 나올 차별화된 그 무엇을 만들어야 한다.

고객의 심리는 항상 What's New를 추구하기에 새로운 그 무엇을 만들어 적절히 대응하여야 한다.

노스웨스트 항공 탑승 시 항상 들려오는 승무원들의 재치 있는 새로운 멘트가 여행에 찌든 피로를 일순간 해소해 준다. 즉 '오늘 저희 비행기를 이용해 주심에 감사드리면서 보답하는 의미에서 선물로 담배 피우실 분을 위한 흡연 공간을 제공해 드립니다. 필요 시 승무원에게 말씀하시면 비상구 문을 열어 시원한 창공에서 구름과 함께 흡연할 기회를 드리겠습니다(이하 중략).' 또는 '안녕하세요. 기장 000입니다. 오늘 비행기 타실 때 가슴이 두근두근하셨던 분 손들어 보세요. 제가 그렇습니다. 왜냐고요? 오늘 비행이 첫 비행이거든요!'라는 멘트에 좌중은 웃음바다가 된다.

또한 제트블루 항공사에서는 비행기 연발 시 계류장에서 퀴즈를 내어, 맞춘 승객에게 인형을 선물하기도 한다. 이 외에도 슈퍼마켓에서의 시간별 깜짝 이벤트, 수박씨 멀리 뱉기, 얼음 위에서 오래 견디기, 수박 무게 맞추기, 상품 경매 타임 제공, 20분 내 한정된 금액의 상품 구입하기, 매장 입구나 계산대 앞에 스마일 라인 테이프 부착 후 통과 시 웃지 않으면 매장 출입을 금지하거나, 계산에 불응한다든지, 오늘 생일자 할인혜택 제공, 매장 내 푸드코트에서 00번째 고객 무료 식사 등 생활 주변에 산재된 재밌거리를 찾아 고객과 함께 즐겨야 한다. 그러므로써 다시 오고 싶고, 안 오면 보고 싶은 매장을 만들어 친밀한 관계형성에 힘써야 한다

요즘 시대는 소비자들 사이에 재미를 추구하는 성향이 강해지면

서 기업들이 펀 마케팅으로 재미난 아이디어의 상품이나 광고, 프로모션 등에 사활을 건 경쟁을 하여 소비자들의 눈길을 사로잡고 있다.

관심을 모으고 있는 상품들을 살펴보면, '재미'나 '웃음'이라는 요소가 빠지지 않는다. 필자도 90년대 강의 소재를 위해 부부 간에 사용되는 속옷에 인쇄된 일명 'Yes, No'상품을 사본 적이 있으니 말이다. 이처럼 필요에 의한 소비가 아닌 즐거움을 위한 소비, 한 마디로 '펀(Fun) 소비'가 새로운 소비 코드로 부상함을 인지하고 적극적으로 변화에 대응해야 한다.

■ 서비스인의 6道(도)

서비스인의 기본 자세인 6도에 대하여 알아보자.

1. Service Mind를 가져라

고객을 위해 최선, 최고, 최적의 서비스를 제공하려면 사랑과 배려, 겸손, 봉사, 희생, 섬김 등의 진솔한 마음 자세를 가져야 한다.

2. Understanding 의 처세를 하라

맡은 바 업무에 대한 지식 보유를 통하여 항상 낮은 위치에서 고객을 이해하며 역지사지의 자세를 가져야 한다. 매장은 삶을 공부하고 도를 닦으며 자신을 담금질하는 인생의 학교임을 명심한다.

3. Challenge & Change

변화의 물결을 간파하고 항상 도전하는 자세와 불합리, 불편, 불만, 불평적인 요인에 대해 사전 예방의 자세를 가지고 변화라는 숨쉬기를 즐겨야 한다.

4. Control of Emotions

서비스는 마음 씀씀이이기에 자신의 감정을 조절하지 못하고 감정에 휘둘리면 서비스인의 자격이 없다. 따라서 자신의 감정을 컨트롤하는 연습을 통하여 서비스인으로서의 역할을 철저히 수행해야 한다.

5. Enjoy하라

직장을 피할 수 없는 상황이라면 자신이 하고 있는 일을 즐기는 마음이 절실히 필요하며 '끌림의 법칙'에 의해서 항상 웃으면 웃을 일이 생기는 법을 알고 실천해야 한다.

6. Sense쟁이가 되라

서비스는 눈치 업종이다. 그러므로 고객이 원하기 전에 한 박자 빠르게 대응해야 하며 옆구리 찔려서 하는 서비스는 배제되어야 한다.

■ **고객접객서비스 9道(도)**

1. 서비스의 원칙은 신속, 정확, 친절임을 명심하고 적극 실천한다. (근무신조)

2. 고객접객 시 항상 정중한 자세와 밝은 미소로 정성껏 기쁘게 맞이한다. (기쁨 맞이)

3. 고객 응대 시 7대 용어를 적절히 사용한다. (응대 멘트)
   - 어서 오십시오.
   - 네, 잘 알겠습니다.
   - 죄송합니다만.
   - 잠깐만 기다려 주시겠습니까?
   - 오랫동안 기다리셨습니다.
   - 감사합니다.
   - 안녕히 가십시오, 또 뵙겠습니다.

4. 고객 서비스의 자세 (응대 자세)
   - 용모를 단정히 하고 바른 자세를 취한다.
   - 항상 Eye Contact, 즉 눈을 바라보면서 대화한다.
   - 부드러운 음성으로 존어체의 말씨를 사용한다.
   - 고객의 작은 소리도 귀담아 들으려고 노력한다.

5. 고객의 입장에서 생각하고 공정하게 대한다. (공정응대)

6. 고객의 불평, 불만사항을 근원적으로 해결하기 위해 최선을
다하며 해결이 불가능할 시는 정중한 자세로 고객의 이해와 협
조를 구한다. (해결 요령)

7. 고객 응대시 3無(무)를 철저히 배제한다. (3무 추방)
－몰라요! 없어요! 안 돼요!

8. 나는 고객에게 상품을 팔기 전에 나의 인격을 판다는 자세로
근무한다. (인격 관리)

9. 내가 맡은 업무에 대한 처리는 곧 회사의 대표자라는 위치에
서 자긍심과 주인 정신을 가지고 처리한다. (내가 곧 회사의 브랜드다!)

TGI 최고경영자는 "서비스는 매뉴얼이 아니라 사람 됨됨이다.
규칙은 오직 하나, 당신이 가장 사랑하는 사람처럼 고객을 대하라"
와 같이 나 자신부터 항상 이런 마음으로 고객을 대하겠다고 다짐
을 하고 실천한다면 조직 전체가 서비스 '짱' 매장으로 바뀐다는 사
실임을 기억해야 한다.

소통의 10.10.10법칙

疏通(소통 : 서로가 막힘없이 잘 통함을 의미)을 잘하기 위해서는 서로 간에 드리워진 마음의 장벽을 거둬 버리고 허심탄회하게 진솔되며 예의를 갖춰 대화해야 한다.

회자되는 말중에 '귀 때문에 망하는 사람보다 입 때문에 망하는 사람이 많다.'와 같이 가장 훌륭한 소통은 듣는 것이라고 한다.

■ 말할 때 10법칙

1. 상대방의 입장에 서서 말한다. (어떤 이익이 있는가)

2. 상대방을 이해하며, 관심을 가지고 말한다. (이름. 스타일, 관심거리, 문화 등)

3. 상대방 이야기에 눈을 맞추며 맞장구를 치며 잘 듣는다. (공감하기)

4. 미소를 밝게 지으면서 말한다. (좋은 인상 만들기)

5. 타이밍을 맞춰 칭찬의 멘트를 준다. (칭찬의 맛소금)

6. 상대방의 약점을 거론하지 않는다. (약점 회피)

7. 험담이나 ~카더라 통신을 말하지 않는다. (진실주의)

8. 다양한 이야깃거리를 가지고 말한다. (화기애애)

9. 내가 "하고" 싶은 말보다 상대방이 "듣고" 싶은 말을 하라.

10. 항상 감사의 말과 禮(예)를 갖춰 대화한다.

■ 들을 때 10법칙

1. 상대방의 입장을 이해하면서 경청한다. (공감하기)

2. 상대의 주장을 대부분 인정한 후 나의 의견을 말한다.

3. 상대방 이야기 도중 끼어들지 않는다.

4. 이야기 도중에 주관적인 판단을 속단하지 않는다.

5. 상대방의 이야기 속도에 맞게 생각을 한다.

6. 알기 어려운 점은 질문하여 확인한다.

7. 귀뿐만 아니라 눈을 맞추며 듣는다.

8. 상황에 따라 표정을 맞춰가며 듣는다.

9. 상황에 따라 맞장구를 치면서 듣는다.

10. 들을 시 상대방을 마주보며(Face to Face) 듣는다.

이상과 같이 소통의 10.10.10법칙을 통하여 "혀"를 다스리는 것은 나지만 내가 뱉은 "말"이 나를 지배한다는 사실을 인지하고 함부로 말하지 말고 한 번 말한 것은 책임을 져야 한다.

바람직한 소통은 귀로 듣고 눈으로 말하는 것임을 알고 실천한다.

■ 대화 시 금지 10법칙

1. '에', '저', '음' 등을 과도하게 사용한다.

2. 상대방의 말에 대해 냉담하고 무반응이다.

3. 발음이 부정확하며 속사포로 이야기한다.

4. 전문용어를 과도하게 사용한다.

5. 말의 초점이 없이 같은 말을 반복한다.

6. 상대방의 말을 중간에 가로챈다.

7. 상대가 이야기할 틈을 주지 않고 독점한다.

8. 한눈을 팔면서 산만하게 이야기한다.

9. 다수의 상대에 대해 특정인에게만 이야기한다.

10. 너무 큰소리나 또는 너무 작은 소리로 말한다.

3

신의 메세지,
컴플레인

고객을 만족시켜라.
처음에도,
맨 나중에도,
그리고 항상.
-루치아노 베네통 회장-

◇◇◇

　제3장에서는 신의 메시지라 일컫는 고객의 불평, 불만, 불편, 불안 등을 총망라한 컴플레인에 대하여 '깨진 유리창'이 무엇인지를 알아본다. 이를 통하여 어떻게 신속하며 효율적으로 응대하고 처리 (깨진 유리창 갈아 끼우기)하는가에 따라 고객과의 불편한 관계를 결속의 계기로 승화시킬 수 있는 기회로 활용하는 요령에 대해 알아본다.

1. 소비자의 권리인 컴플레인

■ 침묵하며 고객은 떠날 준비를 한다

소비자 주권 시대를 맞이하여 오늘의 고객이 내일의 고객이 되어야 하는 시대가 되었다. 고객이 침묵하면 과연 우리가 서비스를 만족하게 해줘서 말하지 않는지 어떤지 곱씹어 보아야 한다. 이유는 대다수 고객들의 생리는 불평, 불만을 가져도 95% 이상은 침묵하기 때문이다.

조사에 의하면 그들 중 2~5%만이 회사나 그 밖의 소통 채널을 통하여 불평, 불만을 토로한다고 한다.

앞서 가는 회사들은 침묵하는 고객들의 속마음을 알아내기 위하여 고객의 소리듣기 이벤트를 통하여 사은품 제공을 하거나, 주부 모니터 요원을 활용하여 감춰진 소리를 들으려고 안감힘을 쏟고 있다.

경쟁의 핵심은 누가 먼저 고객 불평의 유형를 이해하고 제품과 서비스, 그리고 이미지 개선에 즉시 활용하여 고객 불평을 체계적으로 관리하는가에 달려 있다. 따라서 세부적인 원인 파악과 분석을 통해 개선안을 수립 후, 즉 실천으로 문제를 해결함은 물론이고 같은 문제가 재발하지 않도록 인적교육 및 제도적인 장치를 마련하는 것이다. 이를 통하여 만족을 넘어 감동을 느낄 수 있도록 해야 한다.

델(Dell)사는 경영진 회의를 할 때마다 부정적 또는 긍정적인 고객의 증언을 듣는 데 15분을 할애한다. 또 고객의 인터뷰를 편집한 10분짜리 비디오를 보며 고객에게 중요한 것이 무엇인지, 고객의 언어를 보고 듣는다. 이처럼 고객의 관심사와 불평을 통해서 고객의 니즈와 원츠를 체계적으로 수집하고 알아내어 해결하고자 하는 고객불평관리(CCM : Customer Complaints Management)라는 활동을 한다. CCM은 고객이 가지고 있는 불평 사항 해결을 목적으로 시작되었으며, 최근에는 고객 불평을 적극적으로 수집 및 분석하여 제품과 서비스 개선의 기회로 활용하고 있다.

이런 불평 관리가 제대로 되지 않을 시 고객은 항상 떠날 준비를 하고 침묵하며 새로운 거래선을 물색하고 있는 것이다. 그러므로 기존의 고객 불평 관리에서 놓치고 있는 것이 고객이 침묵하는(말하지 않는) 불평이다. 자신의 시간을 할애하여 불평을 기업에게 말해주는 고객은 기업에 대한 아직까지 식지 않는 애정이 남아 있으며 불평이 개선될 것이라는 한 가닥 희망을 가지고 있는 경우다. 문제는 불평이 있음에도 불구하고 불평을 제기하지 않는 고객들이다. 그들은 기업에게 문제에 대한 정보를 주지 않음은 물론, 가까운 지인에게 부정적인 입소문을 전달하며 기업과 이별을 한다. 그럼에도 불구하고 대다수의 기업들은 표출되지 않은 고객 불평의 중요성을 간과하고 있으며, 아직까지 매출이 떨어지고 고객이 떠나는 이유를 경기 탓으로 돌리면서 위안을 삼고 있다.

■ CCM관리의 필요성

유통 산업은 업종이나 업태의 증가와 더불어 경쟁의 심화로 인하여 고객 컴플레인의 수준은 다양해졌으며 소비자 권익 실현을 위해서 온라인 커뮤니티를 기반으로 폭발적으로 증가하고 있다. 시간이 갈수록 이들의 영향력은 상상 이상으로 파워를 가지고 주도면밀하게 대처하기에 '그러다 말겠지'라고 방관하다가는 큰코다치기 십상이다. 이들은 국가 기관이건 기업이건 불합리한 행위가 드러나면, 순식간에 수천 명의 피해자가 결집하여 한 명이 나서서 하는 호소나 불만에 그치지 않고, 군중이 일어나서 '소비자 혁명'으로 발전되는 것이 특징이다.

20세기 기업의 막강한 권력과 자본력으로 소비자 위에 군림하던 기업들도 21세기 유통 환경이 경쟁력 게임으로 변모함에 따라, 소비자들의 권리 찾기를 위한 막강한 응집력에 당황할 수밖에 없다.

이들에게 하나의 강력한 무기는 전문성을 가지고 온라인상에서 이뤄지며, 활발한 정보 공유의 장과 이를 통한 제품에 대한 검증 작업으로 점점 똑똑해지는 소비자가 되어가고 있다. 아울러 소비자들의 거대하고 치밀한 반란과 소비자 모임의 막강한 파워와 번식력은 정보화의 거대한 물결을 타고, 현재진행형으로 지속될 것이기에 기업들은 긴장의 끈을 놓지 말고 고객들의 숨소리에 귀를 기울이며 철저히 대응해야 생존을 담보할 수 있음은 물론, 경쟁에서 우위를 확보할 수 있다.

이런 요인으로 불만고객은 점점 증가추세이다. 원인은 소비자 권리에 대한 인식 향상 및 집단적 모임 증가와 더불어 소비자의 제품과 서비스 그리고 기업 이미지에 대한 요구 수준의 증가로 발생하며, 이는 나날이 가속화되는 추세이다.

■ 불만을 말하게 하라

소비자 불평고객의 행동을 연구한 결과를 종합해 보면 고객이 불만족했으나 문제를 제기하지 않고 조용히 있는 경우의 재구매율은 단 9%로 91% 고객은 떠나가는 고객이 된다. 반면에 불평을 토로하여 그 문제가 해결될 시 재구매율은 54%로 6배나 높아졌다. 해결되지 않은 경우, 재구매율은 19%로 2배로 나타났다. 아울러 불평을 회사에 토로하는 것은 6%에 불과하기에 불평을 쉽게 말할 통로를 확보해야 한다. 특히 불만을 신속하게 해결한다면 95%까지 재거래를 한다는 사실을 깊이 새겨야 할 것이다.

연구에 의하면 고객이 불평에 대해 입을 다무는 이유 중 하나는 학습된 무기력으로 발생되며, 학습된 무기력을 가지고 있는 사람들은 흔히 자신이 무엇을 하건 아무 소용이 없을 것(내가 뭔데! 내가 뭘?)이라고 예상하며 쉽게 포기한다.

쉽게 말하지 않는 고객의 입을 여는 것은 쉬운 일이 아니므로 고객의 생각을 읽을 수 있거나 고객 스스로 말하게 유도하는 모티베이션이 필요하다.

고객이 스스로 불평을 기업에게 표출할 수 있도록 하기 위해서는 소비자에게 자신의 불평을 개선시킬 권리와 능력이 있으며, 소비자의 불평에 대해 기업이 적극적이고 신속한 태도로 임한다는 자세를 보일 시 소비자의 닫힌 입이 열릴 것이다.

따라서 기업과 고객과의 소통은 절대 필요하며 곧 以客取客(이객취객 : 고객이 고객을 늘린다)으로 연결되는 계기가 형성됨을 알아야 한다.

사례 저자는 2007년경 뉴저지에 있는 M치과에 2년 정도 다닌 적이 있었다. 일 년에 2,000$~3,000$ 정도를 치료비로 지출하였다.

주말 어느 날 BBQ파티를 하다가 어금니에 뼈 부스러기가 끼어 어금니의 일부분이 깨져 버렸다. 일요일은 오픈하지 않아서 진통제를 먹고 월요일날 찾아가니 의사는 '신경치료를 받아야 된다'고 했다. 불과 하루 사이에 신경 치료라니 미심쩍은 면은 있었지만 치료를 받고 금니로 씌워달라고 했다.

몇일 후 금으로 모형을 뜨고 씌우는 치료가 다 끝나고 나자, 의사 왈 '크라운 잘 맞습니다.'라고 하는 것이 아닌가? 나는 의사에게 '크라운이 아니라 금니로 한 것이 아닌가요? 라고 하니 의사는 '제가 실수했습니다!'라고 하면서 다음에 또 오라고 하지 않는가? 아무 말 없이 약속된 날 가서 다 씌우고 난 후 치료비를 물어보니 100$를 더 청구했다. 나는 화가 나서 아니 '당신들이 잘못해서 하루 휴가를 내고 왔는데, 사과는커녕 비용을 더 청구하다니!' 화가 치밀어 불만을 얘기하니 '그럼 깎아 드려야지요!' 하며 선심쓰는 척하지 않는가! _(이하 중략)

이렇게 한 번 경험한 불신과 불편에 대한 보상이 미비하여 상처 난 마음은 그 후로 다른 치과를 선택하는 계기가 되었으며, 새로 옮긴 치과에 소개해 준 고객도 15명 정도가 될뿐더러, 주위 사람들에게 M치과는 절대로 가지 말라고 입소문을 내고 다닌 경험을 가지고 있다는 이야기이다. 이처럼 한 번의 실수는 할 수 있지만, 그 실수를 진심으로 사과하여 고객의 마음을 어떻게 배려하는가에 따라 '악연이 인연이 될 수도 있고, 좋은 인연이 악연이 될 수도 있음'을 가슴속에 새겨야 한다. 이것이 바로 고객의 심리이자 돌아서는 이유이다.

'방심하지 마라! 방심하면 고객은 언제나 떠날 준비를 하고 있다.'

■ 불만 처리 8 STEP

1 STEP : 경청

선입견을 버리고 메모지를 준비하여 고객의 불만 사항을 끝까지 경청한다.

傾聽_(경청)의 의미는 바른 자세로 귀를 기울여 주의깊게 듣는것을 의미하며, 이해와 공감을 바탕으로 들음으로써 상대로부터 마음을 얻는 *以聽得心*_(이청득심)이다.

• 경청의 3단계

일본의 소통 전문가 에노모토 히에타케는 듣는 태도에 따라 3단계로 구분했다.

① 일상적 경청

사실이나 정보를 귀로 듣는 수동적 수준으로, 건성으로 보이기 쉬워 몰입하는 태도가 필요하다.

② 적극적 경청

상대를 충분히 이해하기 위해 신중하게 듣는 것이며, 적당한 시기에 적절한 질문을 던지며 성실한 태도와 공손한 자세를 유지한다.

③ 직관적 경청

상대방의 문제해결을 돕겠다는 의지를 가지고 오픈 마인드 자세로 적극성을 가지고 진심으로 들어 주는 것이다. 이는 말과 태도, 열정, 음성의 톤, 감정을 종합한 경청의 최고 단계이며 *以心傳心*(이심전심)이 되어 서로가 공감하는 수준이다.

2 STEP : 감사와 공감의 표시

우리에게 신의 소리를(불평, 불만, 불편) 들려주기 위해 시간을 할애해 주심과 해결의 기회를 주신 데 대하여 고객에게 진심으로 감사를 표시한다.

3 STEP : 진솔된 사과

고객의 이야기를 경청하고, 문제에 대해 인정하며, 잘못된 부분에 대하여 진심으로 정중하게 사과를 한다.

사과를 했다는 행위도 중요하지만 상대방이 어떻게 받아들였는지가 더 중요하다.

• 사과의 테크닉

① 말로만 하는 것이 아니라 진정성이 생명.

'영혼이 없는 겉치레가 아닌 진심 어린 마음의 소리'

② 무조건적인 사과를 하라.

'~하다면 미안합니다' 등의 조건이 붙은 사과는 상대방을 자극하는 공격적 표현이기에 무조건적으로 사과해야 한다.

③ 해명은 최대한 억제하라.

사실과 다른 명백한 오해가 있을 시 필요하나, 될 수 있는 한 자제한다.(전체 문장의 ¼ 수준) 해명이 길어지면 사과의 효과는 감소한다.

④ JIT(Just In Time)대응이 중요하다.

사과의 타이밍이 중요하며 다수가 대상일 때는 신속히 하고, 개인일 경우는 화를 삭일 시간을 준 뒤에 한다. 문제가 눈덩이가 되기 전에 먼저 잘못을 인정하는 것이 적절한 타이밍이다.

⑤ 공감하고 인정하라.(잘못된 것과 책임)

사과의 전제 조건은 상대의 고통과 불편에 대한 공감과 더불어 이에 대한 확실한 인정이 기본이다.

단, 고객의 잘못에 대하여는 말하지 마라.

4 STEP : 해결 약속

고객이 느낀 3불(불편. 불평. 불만) 사항에 대하여 해결을 위한 관심과 공감을 표시하며 문제에 대한 신속한 처리를 하거나 약속을 하면 반드시 준수해야 한다.

5 STEP : 정보 파악

고객 입장에서 고객이 원하는 해결 방법을 물으며 꼭 필요한 질문만 하여 고객의 기분이 상하지 않도록 주의한다. 또한 응대 시 정면보다는 어깨를 마주한 자세로 응대하여 도전적인 인상을 피해야 한다.

6 STEP : 신속 처리

파악된 3불 사항을 신속히 처리하며, 권한 이상의 문제는 상사에게 빨리 보고하여 처리하도록 한다. 이때 고객이 기다릴 시 항상 양해를 구하는 멘트를 구사한다.(고객님! 00간 기다려 주시겠습니까? 등) 또한 장시간이 소요될 시 편안한 장소로 안내하여 음료나 다과를 대접한다.

7 STEP : 처리 확인과 정중한 사과

불만 처리 후 처리 결과에 대하여 고객에게 직접 설명하고 이에 대한 만족여부 확인과 더불어 다시 한 번 사과의 말을 정중히 전달한다.

8 STEP : Feed Back하라

고객의 불편, 불평, 불만 사항에 대한 사례를 데이터베이스화 하여 전 직원들에게 공지(인트라넷 활용. 현장 게시. 조회 시 공개 등)하고 동일한 문제가 재발되지 않도록 조치한다.

1~8 STEP을 통한 불만처리를 표준화하고 전 직원들이 언제, 어디서나 문제 발생 시 신속하며, 정확하고, 친절하게 응대하도록 훈련을 통하여 습관화되도록 실시한다.

또한 수시로 확인 및 점검을 제도화함으로써 사후 관리에서 사전 예방 관리 체재로 전환한다.

고객은 항상 서비스하는 직원의 태도와 표정, 말씨에서 친절한 서비스를 느낀다는 사실을 인지하고, 항상 밝은 표정, 진솔된 인사, 단정한 용모, 공손한 말씨, 정중한 자세와 동작에 정성을 담아 서비스할 줄 아는 습관화된 매너가 필요하다.

'나는 회사를 대표하는 서비스인임을 명심하라!'

• 고객불평처리 Tip

① 불평이 접수되었음을 알린다.

② 처리 가능 예상 시간을 알린다.

③ 처리 지연 시 이유를 설명하고 중간 보고를 한다.

④ 고객의 비밀 유지가 되도록 한다.

• 불만 고객이 바라는 것

인간의 심리는 내가 타인에게 친절히 하는 것보다 타인이 먼저 나에게 친절해 주기를 바라는 마음이 더 강한것으로 볼 때 고객은 몇 배의 친절을 바랄 것이다.

일반적으로 불만 고객이 바라는 것은 다음과 같다.

① 자신의 불만이 정당한 것이라는 인정

'고객은 항상 옳다'라는 것을 상기한다.

② 잘못된 점의 내용과 원인에 대한 설명

문제에 대한 성실하고 진실한 답변을 요구한다.

③ 사과와 보상

발생한 문제에 대하여 진심을 담은 정중한 사과와 물질적(시간, 열정, 기타 비용) 보상과 정신적 보상을 포함한 금전적 보상은 물론, 비금전적인(사과의 말, 위로, 공감 등) 보상을 요구한다.

④ 앞으로 바르게 할 것이라는 다짐

향후 이런 문제가 재발할 시 말로 하는 것이 아니라 다른 수단을 동원하여 입소문을 낼 것이므로 재발되지 않도록 약속하라고 요구한다.

• 불만고객 응대 시 금기 사항

고객은 이럴 때 화가 난다. 화가 난 연료에다 고객 접점의 미숙한 응대(성냥 불)로 화를 촉발시켜서는 안 된다.

백 번 잘하더라도 한 번 잘못하면 99점의 서비스가 아닌 100-1=0임을 알아야 한다.

① 고객을 가르치려 하지 마라

'고객님, 요즘 이렇게 따지는 손님은 없어요!'

'고객님, 이건 이렇게 하는 거죠!'

'고객님, 이런 상품 처음 사용하시는 거죠.'

② 고객을 의심하지 마라

'고객님! 00개죠! 내가 보기는 아닌데! 00개라면 제가 확인해보죠?'

'고객님! 이 가격은 아닌데.'

③ 정당화하지 마라

'저희라면 어쩔 수 없는 부분이기 때문에~'

'회사 규정상 어쩔 수 없네요!'

'장마철에 상품 품질이 원래 안 좋아요.'

'이것도 없어서 못 팔아요.'

④ 책임을 회피하지 마라

'누가 판매했는지 모르겠지만요~.'

'우리는 물건을 만들지 않아요.'

'창고에 입고될 때부터 그랬어요.'

'저는 사원인데, 사장한테 물어보세요.'

⑤ 고객을 무시하지 마라

'이거는 비싸니까, 싼 것 드세요.'

'시식으로 한 끼 떼우시려구요!'

'요새 이런 요구하시는 분 드문데요?'

'카드 지급 정지 되었네요?'

⑥ 입으로만 사과하지 마라

'고객님, 죄송합니다.', '아니, 죄송하다는 말만 하지 말고!', '아무튼 죄송합니다.' 되풀이하는 행동.

⑦ 무대응, 무대꾸 하지 마라

아무 대꾸도, 반응도 없이 물끄러미 쳐다만 보거나 시선을 회피하는 행위, 딴전을 피우는 행위 등.

'불끄는 소방수 역할이 아닌, 방화자가 되지 마라!'

■ 불만 개선 사례

널리 회자되고 있는 아마존 닷컴의 고객 불평 개선에 대한 사례는 고객의 불평에 얼마나 의지를 갖고 대응하며 귀를 기울이고 있는지 효과적으로 고객에게 어필하고 있다.

아마존 닷컴은 물건 배송 시 처음에는 현재와 같은 마분지 상자를 사용하지 않았으며, 이전에는 물건 배송 과정에서 훼손되지 않도록 단단한 포장으로 소비자에게 배송하였다. 그러나 노인층에게 배송된 물품은 너무 단단하게 포장되어 있기에 자녀가 올 때를 기다려 포장을 뜯어야 한다는 것이 불평 사항이었다. 이러한 사연을 메일로 접한 아마존 닷컴은 현재의 마분지 박스로 제품 포장을 교체하여 고객들로부터 호응을 얻자, 아마존 닷컴의 성공적인 고객 불평 처리 사례로서 널리 알려졌다. (고객의 소리에 귀 기울인 결과)

또한 소비자는 자신이 제기한 불평이 어떻게 처리되고 있는지 혹은 전달은 잘되었는지에 대한 궁금증을 가지고 있기에, 고객 불평 처리 과정을 투명하게 보여주는 것도 효과적이다.

운송 업계에서 일반화되어 있는 추적 시스템을 응용하여 소비자가 제기한 불평이 어느 부서로 전달되어 검토되는지, 언제까지 공식적인 입장을 전달할 것이라는 등의 처리 과정을 이메일이나 문자로 전달해 주는 것도 좋은 사례라고 할 수 있다.

얼마 전 책을 미디어 메일로 보낼 곳이 있었다. 발송 후 궁금하여 구글에서 우편물 트래킹 넘버를 입력하니 배송 중이며 언제 배송될 것이라는 일자가 확인되는 것을 보고 궁금증이 해소된 적이 있다. 또한 이런 방식을 기업 사이트에 올려진 불평을 대상으로 도입

한다면 상징적 의미로서뿐만 아니라, 고객의 귀중한 시간에 애정을 가진 '쓴소리'를 제대로 소화하고 있음이 투명하게 모니터링 되기에 기업이미지 제고는 물론, 고객에게는 기업에게 불평을 알려줄 만한 이유를 제공함으로써 서로가 소통의 열린 장을 통해 상생을 도모할 수 있는 좋은 수단이라 생각된다.

'불평은 어쩔 수 없이 관리해야 하는 것'이라는 인식으로부터 '불평은 소비자가 주는 소중한 선물이며, 신의 메시지'라는 발상의 대전환이 없다면, 지금까지 지속되었던 고객과의 인연은 여기서 막을 내릴 것이고 비지니스 운명도 끝날 것이다. 따라서 고객이 제공하는 불평의 가치를 진정으로 공감하고 이를 개선의 기회로 활용하여 성장의 촉진제로 삼아야 할 것이다.

2. 깨진 유리창 사례 및 Q&A

■ 하나를 보면 열을 안다

우리가 일상생활을 통하여 보면 외식차 들른 식당의 화장실이 더러우면 주방을 보지 않아도 불결할 것이라는 단정을 함과 동시에, 나오는 음식의 청결에 의심을 하게 되어 결국은 그 식당 방문을 자제하게 될 것이다. 또한 처음 방문한 회사의 안내데스크 직원의 첫인상이 그 회사의 이미지를 좌우하고, 처음 방문한 가정의 현관의 신발 정리 상태를 보고 그 집의 분위기를 알 수 있는 것과 같은 이치이다. 아울러 외국 출장 시나 여행 시 이용하는 공항에서의 택시기사의 첫 만남에서 받은 서비스 상태에 따라 그 나라의 전체 이미지 수준을 짐작할 수도 있다. 이처럼 당사자가 처한 상황에서 어떠한 인상을 받는가가 전체를 평가하는 척도가 된다.(내 눈의 안경 사고)

마찬가지로 기업의 서비스를 이용한 것에 대한 결과는 평가로 이어지며 그중 불만족스러운 것은 불평, 불만, 불편으로 표현된다. 이런 상황이 한 번에 시정되지 않고 재발생이 되면 '깨진 유리창의 법칙'처럼 기업 전체로 나쁜 이미지가 전파되어 고객으로부터 '왕따를 당하는 신세'에 처하게 됨은 분명한 사실이다.

널리 알려진, 깨진 유리창의 법칙은 후미진 곳에 버려진 차량이 변해가는 모습과 흡사하다. 처음 버려진 차는 유리창 정도가 깨져 있었지만 시간이 경과할수록 관리가 되지 않을 시 어느 순간에 모든 것이 망가져버려 뼈대만 남은 상태가 되는 이치와 같다고 볼 수 있다. 따라서 고객으로부터 받은 컴플레인이라는 '쓴소리'는 흘려 듣는 것이 아니라 최대한 빠른 시간에 바람직한 모습으로 관리되고 개선되지 않으면 '고객 이탈, 나쁜 이미지, 수익성 악화'라는 부메랑을 맞게 됨을 잊지 말아야 한다.

따라서 미국에서 아시안 고객층을 주 타켓으로 사업하는 슈퍼마켓에서 자주 발생하는 컴플레인에 대한 사례를 살펴보고 발생 원인과 대응 요령에 대하여 알아보고자 한다.

■사례 1 : 상해버린 햄

쓴소리 내용 아침에 도시락을 준비하려고 얼마 전 구입한 통조림 00햄을 열어보니 완전 썩어서 굳어진 햄을 보았고, 본 순간 구토를 했어요. 정말 어처구니가 없고 여러 개 중 미리 먹은 것들도 문제가 있지 않을까 걱정이 되더라구요. 세상에 태어나 그렇게 징그럽고 이상한 형태를 본 적이 없을 정도였어요. 남편도 그렇구요. 그다음 날 남편이 퇴근길에 마트에 들러 이야기했더니 더더욱 어처구니 없는 건 Customer Service에 있는 직원이 하는 말이 "통조림이 왜 썩어요?" 라고 하더니 보는 앞에서 상품을 버리고 영수증 확인하더니 "카드로 넣어드렸어요!"이러더래요. 남편이 3.99$로 싸우기 싫어서 그냥 왔더군요. 집에 와서 저랑 또 싸웠지요. 어떤 사과도 안 받고 왔느냐고. 음식을 파는 곳에서 정확한 확인도 없이 그런 상하거나 곰팡이가 있는 상태의 물건을 판다는 건 도대체가 이해가 안 갑니다. 사과도 없이 그저 리턴해 주면 다 되는 걸로 아는 00Mart의 서비스에 대해서도 실망했습니다. 저는 그날 하루 종일 음식도 못 먹고. 앞으로도 스팸 종류의 음식은 절대 못 먹을 거 같습니다. 아무튼 다시는 00마트를 이용하고 싶지 않네요.

• 무엇이 문제인가요?

① 상한 상품의 판매로 상품관리상 문제 발생

② CS직원의 무례한 응대가 촉발 사고로 연결

    –'–이 왜 썩어요?'로 불손한 태도

    –고객 앞에서 상품 버리기의 무례한 행동

    –환불 시 응대 문제

카드로 리턴해주면 다 되는가? 사과도 없이.

③ 스팸 이용 고객 상실 우려

④ 00마트 이미지 손상 및 고객 이탈 조짐

• 바람직한 응대요령

① 통조림 등 가공식품에 대한 상품관리 철저 및 실링상태 확인, 유통일자 확인, 외관상 문제 체크

② CS직원 고객서비스 교육 및 습관화 확인

-화가 나서 온 고객(연료)에게 잘못된 응대로(성냥불을 당김)인하여
　고객 이탈로 연결될 조짐이 발생
-'고객님 정말 죄송합니다. 상품의 문제로 인하여 불편을 끼친 데 대
　하여 진심으로 사과드립니다.'
-'상품 제조사 측에 통보하여 원인을 확인 후 다시는 이런 일이 발생
　되지 않도록 약속드리겠습니다.'
-'괜찮으시다면 환불이나 교환을 해드리겠습니다.'

③ 고객과의 관계 지속

'앞으로도 저희 매장을 이용하시면서 불편하신 사항에 대하여 말씀을
부탁드리겠습니다.

• 조치 사항

-컴플레인 발생 건에 대한 전 매장 공유와 재발 방지 약속
-상품제조사 원인 분석 결과 통보 요구
-미스터리 쇼핑을 통한 주기적인 모니터링 실시
-직원 교육의 체계적인 실시 및 평가 제도화

■ 사례 2 : 생선에 웬 회충이!

쓴소리 내용 오늘 00Mart에서 물건을 구입한 고객입니다. 구입
한 물건 중 동태(랩으로 포장 된 것)를 집에 와서 손질하려고 보니 1.7센
티 정도의 가느다란 회충을 발견하고 놀라 칼집을 계속 내다 보니
안에 회충이 더 많이 있는 것을 발견했습니다. (껍질 군데군데 동그랗게 구

멍이 나 있는 상태. 포장 밖으로는 보이지 않았고, 열어보니 안쪽에만 있는 상태.) **저희는**
저녁도 먹는 둥 마는 둥 하곤 너무나 불쾌한 나머지 매장 쪽에 전화
를 했지만 별거 아니라는 듯 그냥 얘기를 들어주시더군요. 미안하
다는 말도 못 듣고 알았다는 말밖에 못 들었습니다. 그래서 이곳에
글을 남깁니다. 먹는 음식인 만큼 철저하게 관리를 하셔야 하는 거
아닌가요? 돈이 문제가 아니고(5$도 안 되지만) 멀리 그곳까지 가서 물
건을 사왔는데 그런 것들이 보이니 정말 기분이 영 아닙니다. 아직
까지 속이 편하지 않습니다. 여름인 만큼 해산물 관리에 신경을 써
주셨으면 합니다. 발견 못 하고 그냥 먹었음 어쩔 뻔했는지 생각만
해도 정말 불쾌합니다. 나중에 00지점에 가게 되면 다시 서비스 센
터를 방문할 예정입니다. 적어도 앞으로 관리를 철저히 하겠다는
얘기를 듣고 싶습니다. 그래야 앞으로도 안심하고 믿고 구입할 수
있을 것 같습니다. 적어도 앞으로는 식품 청결과 안전에 철저히 하
시겠다는 답변을 듣고 싶네요.

• **무엇이 문제인가요?**

① 동태 관리상 온도 문제

② 전화 응대 미숙으로 촉발사고로 연결

③ 고래충에 대한 지식 부족으로 대응 미흡

• 바람직한 응대 요령

① 전화에 대한 공감 표시

'고객님 생선에 기생충이 나와서 많이 놀라셨겠습니다.'

② 고래충에 대해 간단히 설명

－'－보시고 놀라신 기생충은 '아니사키스'라는 고래충입니다.(#고래충 지식 참조)

－방문 시 설명드리겠습니다.

• 조치 사항

① 고객 전화 응대 시 교육 실시(공감 및 응대)

② 고래충에 대한 직원교육 실시 및 숙지로 대응

③ 지속적인 모니터링으로 스팟 체크

■ 사례 3 : 기본이 안 된 직원

쓴소리 1 지난 추석에 00 매장에 쇼핑을 하러 감.

계산대에 서자마자 캐셔 직원이 인사도 없고 냉랭한 표정으로 대했음. 더욱이 기분이 상하는 것은 계산을 하려다 말고, 캐셔직원이 알고 지내는 듯한 뒷 손님에게는 너무나 상반된 태도로 인사를 하는 모습을 보고 기분이 상했음. 그리고 불친절하게 카드 기계를 확 돌리면서 계산을 하는 모습을 보고 화가 났지만 나이가 많으신 분이어서 아무 말도 못하고 그냥 돌아옴. 이런 기분 나쁜 서비스를 통해 한국 마켓의 이미지가 나빠지지 않기를 원함.

쓴소리2 열흘 전쯤 00매장에 밥솥을 구입하러 갔음. 직원에게 세일 상품에 대해서 물어보았는데 불친절하게 '잘 모른다.'라고 답했음. 밥솥을 고르고 난 후, 상품을 요청했는데 '없다'라고 불친절하게 응대함. 고객에게 전혀 관심을 가져 주지 않고 불친절한 태도에 너무 화가 났음.

쓴소리 3 오징어젓갈과 야채들을 구입하고 계산대에서 기다리고 있었는데, 캐셔 직원이 앞의 손님인 할머니가 세일하는 제품이 아니라는 것을 확인하고 구입하지 않자, 다른 손님들 보는 앞에서 짜증을 내는 모습이 보기 좋지 않았음.

계산을 하는 중 오징어젓갈 가격이 너무 많이 나와서 파운드당 4.99$라고 얘기했더니 짜증 내는 말투로 창란젓이라고 말함. 계산

내내 혼자말로 짜증을 내는 모습이 보기 좋지 않았음. 반찬부에 창란젓/오징어젓이라는 Label도 없었고, 집에 가서 확인해보니 오징어젓이 맞았음.

쓴소리 4　특정 캐셔 직원의 불친절한 서비스에 대하여 시정 요청함. 고객이 물어보면 손가락으로만 가르키고, 고객에게 '고맙다.'라는 말이 없음. 또 다른 직원에게 물건이 어디 있느냐고 물어보니, 손가락으로 '저기요.'라고 가리키기만 했음. 스패니시 직원들은 물어보면 친절하게 잘 해주는 반면, 한국 직원들은 불친절함.

쓴소리 5　1주 전 00매장에서 만두피 6개를 구입하고, 10일에 사용하려고 보니, 만두피 안이 군데군데 검정색으로 변해 있었음.

00마트에서 구입한 게 확실해서 상품만 가지고 C/S에 가서 얘기했더니, 남자 직원 2명이 냄새를 맡고, 이런저런 얘기를 하더니, 다른 마켓에서도 다 파는 거여서 교환을 해 줄 수가 없다라고 함. 고객이 상품을 놓고, 영수증을 가지고 오겠다고 했더니 그것마저도 안 된다고 함. 얼마 동안의 논쟁 끝에 결국 새 만두피로 교환을 해주었음. 이왕 처리해줄 거면 조금 더 친절하게 '다음부터는 영수증을 가지고 오세요.' 했으면 좋았을 텐데 기분은 상할 대로 다 상하게 해놓고 교환을 해주는, 직원 태도에 문제가 있었음.

쓴소리 6　매주 금요일에 세일 상품을 확인하고 아침에 쇼핑을 감. 매장 직원이 카레를 세일한다고 하여 카레를 구입하였음. 계산

시 세일 가격으로 계산되지 않아 캐셔 직원에게 세일 상품이라고 말했으나, 확인도 해보지 않고 신경질적으로 무조건 세일상품이 아니라고 하였음. 그 캐셔 직원이 세일 상품이 아니라고 하면서 구입 여부에 대해 물어보았고, 세일 상품이 아니면 구입하지 않겠다고 하여 그 상품만 제외하고 구입함. 00매장의 캐셔 직원들이 전반적으로 불친절함.

쓴소리 7 안녕하세요. 한국 음식을 가까운 곳에서 살 수 있게 해주시니 감사드립니다. 고민을 하다가 의견을 접수합니다. 매장의 캐셔분이 너무 불친절하여 글을 드립니다. 영수증을 보니 000매장 이름이 000라고 되어 있구요. 저는 최소 일주일에 한 번은 방문하며 어제 같은 경우는 물론 저도 처음입니다.

저도 예의를 갖춰 쇼핑을 하며 인사성도 바른 편인데, 어제 물건을 좀 많이 샀습니다. 보통 약한 물건은 살살 취급해야 하는데 이 캐셔는 팍팍 집어던지듯이 놓더라구요 제가 얼굴을 쳐다보았더니 기분 나쁘다는 표정을 지으시더라구요. 물건을 봉지에 넣는 일을 도왔습니다. 그런데 이번에는 오렌지 봉투를 살짝 던지더라구요. 그럴 수도 있지만 오렌지가 흘러나와 데구르르 구르는 거예요. 그래도 미안하다고 안 하더라구요. 제가 주워담아 직접 제 카트에 넣었으며 여러 가지로 기분이 나빴지만 감사하다고 하고 돈을 드렸습니다. 그런데도 말 한 마디도 안 하고 영어로 Change라고 금액을 말하더니 확 주더라고요. 화가 나도 참고 다시 한 번 '감사합니다.'

라고 인사하니 대꾸도 하지 않았어요.

정말 친절하신 캐셔분들도 많은 곳이지만 다시는 오고 싶지 않을 만큼 기분이 좋지 않았습니다.

앞으로 그분의 직원 재교육 또는 주의가 필요한 것 같아 글을 드렸습니다. 직원 한 사람의 이미지가 회사의 이미지라고 생각하여 글을 쓰게 되었습니다. 귀사의 발전을 기원합니다. 참고로 그분한테 감정은 없고요, 좋게 잘 말씀드려 주세요.

또한 그로서리 진열대 중간에서 팰릿으로 진열 작업을 하고 있어 상품을 사려다가 사지 못했습니다. 이 점도 고려해 주세요.

• 무엇이 문제인가?

쓴소리1~7까지의 사례에서 보듯이 고객과 접촉하는 순간에서 발생한 문제는 거의 태도와 표정, 그리고 말의 내용에 좌우되었기에 '메라비언 법칙'이 적용된다. 메라비언 법칙이란 캘리포니아대 심리학과 교수인 앨버트 메라비언이 발표한 이론으로 상대방에 대한 인상이나 호감을 결정하는 데 있어서 청각적 요소인 목소리(톤과 높낮이)는 38%, 시각적 요소인 보디 랭귀지(태도나 표정)는 55%의 영향을 미치는 반면, 말하는 내용은 겨우 7%만 작용한다는 것이며 효과적인 소통에 있어 말보다 '비언어적' 요소가 차지하는 비율이 무려 93%나 된다는 것이다. 따라서 현장에서 발생된 컴플레인 내용을 종합해 보면 기분이 상한 고객을 응대하는 과정에서, 예를 들어 상품에 문제가 있어 기분이 좋지 않은 상태에서 응대하는 직원들의 평상시 하는 태도와 자세, 말하는 내용도 마음에 들지 않게 보이기 때문에 보다 더 세심한 배려와 공손한 행동, 그리고 정감 있는 따뜻한 언어 구사 능력이 필요하다. 그러므로 서비스 현장 직원의 기본은 센스가 있어야 한다.

인간은 감정의 동물이며 그 감정은 바로 얼굴이나 목소리에 나타나기에, 이를 간파하여 고객 감정의 기상도를 읽고 적절히 대처하는 것이 센스라고 할 수 있으며 이것이 현장 서비스 직원의 노하우라 할 수 있다.

전화로 상담을 할 경우에는 음성(목소리)의 중요성은 무려 82%이며 말의 내용은 18%라 한다. 이는 결국 얼굴을 보고 대화를 하든, 전화로 말을 하든, 내용보다는 음성(목소리톤, 높낮이)이 더 중요하다는 것이다. 때문에 화려한 말보다는 따뜻한 음성이 더 설득력 있다는 것이다.

소통은 고객과의 관계를 성립시키는 매우 기초적인 조건이며 원활하게 이루어지지 않게 되면 고객으로부터 부정적인 이미지를 초래하게 되어, 비지니스 운영에 중대한 장애가 될 수 있다.

소통의 원론적인 의미는 언어나 몸짓 등을 매개 수단으로 한 정신적, 심리적 전달 교류라고 표현되며 어원은 '관계를 가지다', '공통분모를 가지다'이다. 따라서 소통은 넓은 의미로 무엇인가와 관계를 가지는 것을 뜻하며 좁은 의미로는 정보나 신호의 전달을 뜻한다.

매력적이고 소통을 잘하는 사람들은 외모와 상관 없이 자신의 매력을 배가시키는 긍정적인 표정과 눈빛, 그리고 보디랭귀지를 갖고 있을 것이다. 때문에 이런 모습이 되도록 하기 위해서는 교육을 통하여 지식을 배우고 배운 지식이 몸의 지식, 즉 습관화되도록 반복하고 또 반복하는 훈련의 과정을 철저히 이행해야 한다.

우리는 누군가를 처음 만나고 헤어졌을 때를 생각해 보면 만난 사람이 아마도 잘생겼는지 못생겼는지, 웃는 표정이었는지 무표정했는지, 공손했는지, 대화 시 몸동작이 컸는지, 말할 때 조곤조곤했는지 목소리가 컸는지 등이 떠오를 것이다. 정작 그가 말한 내용은 거의 기억나지 않을 것이다. 이처럼 우리는 말보다 행동이나 표정, 목소리 등을 더 잘 기억하는 습성을 가지고 있음을 인지하고 슬기롭게 대처해야 한다.

• 조치 사항

① MOT(Moment Of Truth : 고객 접점 관리)의 순간을 단계별로 분석하여 불평, 불만, 불편 요인을 파악하고, 이를 바로 개선한다.

② 발생된 컴플레인 내용을 공유하고 재발 방지를 위한 교육과 바람직한 응대가 습관화되도록 훈련한다.

③ 매월, 분기별, 반기별, 연간 주기로 MOT 접점의 직원들을 평가하는 프로 서비스 이벤트 대회를 개최하여 이를 통해 '서비스 영

웅 만들기'로 노고를 치하하고 격려하는 마당을 만들어 실시한다.

④ 매장 내 진열은 고객이 몰리는 피크타임은 될 수 있는 한 피하여 고객동선과 작업 동선 그리고 물류 동선이 꼬이지 않게 하여 고객의 불편을 최소화하도록 스케줄을 조정한다.

⑤ HACCP Service를 하라

HACCP(Hazard Analysis Critical Control Point)은 '위해요소 중점관리 기준'을 의미하며 HA(위해 요소분석)를 분석하여 이를 CCP(중점관리기준)를 설정하여 사전 관리하는 것이다. 즉 매장현장에서 식품관리상 위험하고 해로운 것이 무엇인지를 사전에 파악하여 이를 중점적으로 관리함으로써 위해를 방지하는 사전 예방적 식품 안전관리 체계를 의미한다.

식품에 대한 HACCP관리로 위해 요소를 파악하여 중점 관리하듯이 고객 컴플레인 사항 중에서 가장 중요한 핵심 사항을 파악하여 컴플레인 '0(제로)'화에 도전하여 이를 해소함으로써 고객에게 사랑받는 기업으로 변신에 변신을 거듭하여야 한다.

왜 화를 내는가?

현장에서 고객을 응대하는 서비스인들은 화와 분노에 대한 개념을 알고 이에 효과적으로 대응할 줄 알아야 한다.

현시대를 살아가는 현대인들은 생활 속에서 다양한 스트레스를 경험하지만 자신을 잘 억제하지는 못한다. 이는 수류탄의 안전핀을 뽑아 거머쥔 채 누구라도 본인이 원하지 않는 상황이 닥치면 이성을 잃고 안전핀을 놓아버리는 상황에 놓여 있다고 해도 과언이 아니다. 따라서 생활 속에서 심심치 않게 발생하는 묻지마 살인, 지하철의 막가는 풍경들, 학교 내 폭력, 서비스 현장에서 고객들의 무리한 행동과 막말 등 과거의 동방예의지국이란 말이 무색할 정도로 수많은 사건 사고들이 도미노 현상처럼 일어나고 있다. 더구나 이러한 사건 사고들이 불특정 다수를 상대로, 특별한 이유나 원인 제공 없이 발생한다는 것이 심각성을 더하고 있다. 이런 현상은 국가 간, 인종 간, 문화 간 정도의 차이는 있을지언정 지구촌 전 지역에서 흔히 일어나고 있다.

그러면 이런 극단적인 행동이 무슨 이유로 발생하는 것일까? 또한 무엇이 그들을 그토록 분노하게 만든 것일까? 이것에 대한 원인을 들여다보면 화를 제대로 조절하지 못한 이들의 그릇된 감정 조절로 인한 폭발이 원인인 경우가 많다.

분노 폭발을 하는 행위자들의 심리 상태를 분석해 보면 그들의 내면에 자리 잡고 있는 '화'에 '상황'이라는 연료가 점화되어 이런 사태를 촉발시키는 경우가 많다.

■ 화는 무엇인가

'화가 난다'라는 한국인의 화는 한자로 火(화)라고 쓰고 집을 태우는 화재나 마음을 태우는 불이나 가릴 것 없이 화라고 했다. 일상 생활에서 '화가 났다'는 것은 마음에 불이 났을 때 사용하는 心火(심화 : 마음의 불)의 의미이다.

'옥스포드 대영 사전'에서는anger는 '감정에 불을 붙이는 것'이라고 풀이되어 있다.

화는 거의 한국인만의 독점적인 노여움이고 노기인 것을 짐작하게 한다. 또한 화는 인간이라면 누구나 가지고 있는 중요한 감정이나 어떤 사람은 화를 슬기롭게 다루어 타인으로부터 좋은 이미지로 각인되어 있는 반면에, 어떤 사람은 화에 지배되어 자신과 주변에 상처를 남김은 물론 나쁜 이미지로 연결되어 때론 화를 입기도 한다. 화는 양면성을 가지고 있어 행복과 불행, 성공과 실패를 모두 경험하게 할 뿐만아니라 '화를 지배하는 자'에게는 행복과 성공의 기회를, '화에 지배 당하는 자, 즉 화의 노예'에게는 불행과 실패의 쓰라림을 맛보게 한다.

화의 발전적 승화 과정을 안내하는 심리치료서로 널리 알려진

'화의 심리학'에서는 '화는 다른 감정과 마찬 가지로 우리의 생존을 보증하는 생물학적, 심리적 방어 수단이며, 생물학에서는 화를 내외부적 요구와 위협, 압력에 대한 스트레스 반응으로 정의한다. 아울러 화는 문제나 잠재적 위협을 경고하는 경보장치이며 이를 직시하게 하고, 장애를 극복하게 하는 생존을 위한 메커니즘이다.'라고 한다.

경쟁의 소용돌이 속에서 살아가는 우리는 정당한 순간에, 정당한 방법으로 정당하게 화를 내는 법을 알고 이를 터득한다면 보다 즐겁고 풍요로운 사회생활을 할 수 있다.

■ 왜 화를 내는가?

인간은 항상 스트레스를 받고 살아간다. 아침에 일어나서 식사 시 '어떤 반찬을 먹을까'로부터 시작해서, 출근 시 어떤 와이셔츠에 어떤 넥타이를, 어떤 양말을, 어떤 구두를, 선택할까 하는 것부터 스트레스를 받는다. 회사에 출근하여 어떤 업무를 할 것인지, 상사에게 보고는 어떤 순서로 할 것인지, 점심 식사 시 메뉴를 무엇으로 할 것인지, 저녁 퇴근 시 모임이 있다면 어디서 어떤 메뉴로 먹을 것인지 등을 살펴볼 때 눈을 떠서 잠자리에 들 때까지 선택이라는 여러 과정이 많이 쌓이면 쌓일수록 스트레스는 증가되는 것이다.

현대를 살아간다는 것은 스트레스를 피해갈 수는 없기에 스트레스를 즐기며 살아가는 지혜를 배워야 한다. 다시 말해 '스트레스는 피할 대상이 아니라 즐겨야 할 대상'임을 알아야 한다. 이것이 제대로 관리가 안될 시 누적되어 화나 분노라는 수단으로 폭발될 뿐만 아니라, 한 번에 끝나지 않고 반복될 시 우울, 불안, 공포 등의 병적인 증세를 동반하게 된다.

스트레스라는 것은 개인의 차이는 있지만 적당하다면 생활의 활력을 주지만, 과중한 스트레스는 몸을 상하게 만든다.

반복되는 스트레스는 신체 기관에 악영향을 주며 특히 기억을 관장하는 뇌인 해마에 심각한 영향을 준다고 한다. 장기간의 스트레스는 '코르티솔'이라는 호르몬을 분비하며 이는 시냅스(두 신경 세포 사이나 신경세포와 분비세포, 근육 세포 사이에서 전기적 신경 충격을 전달하는 부위)와 해마를 손상시킨다.

임상심리학 전문가인 캘리포니아대 의과대 매튜 맥케이 교수(Mattew McKay)는 "분노는 싸우거나 도망치는 등 자신을 보호하는 힘을 만들지만 생존에 필수적이며 분노로 인한 피해나 문제는 분노 자체 때문이 아니며 분노에서 나오는 공격적인 행동 때문이다."라고 했다.

일반적으로 화가 나면 뇌와 호르몬의 작용으로 말과 행동이 거칠어진다. 신체의 위협이나 자극을 받게 되면 감정을 지배하는 노드아드레날린과 같은 분노 호르몬이 분비되며 심장박동이 빨라지고 몸 전체로 혈액을 공급한다. 이때 분노로 인하여 뇌로 가는 혈류량을 줄여 생각을 잘할 수 없게 되고, 싸울 수 있게 된다는 것이다. 화

내는 장면을 분석한 결과를 보면 화는 본인이 원하는 조건이나 방법에 따라주지 않을 때 발생되며, 주로 화는 기질이나 생리적인 특성보다 순간에 발생한 상황에 대한 판단에 의해 더 좌우되는 것이라 한다.

• 상황

#1부인 … '왜 이렇게 컨디션이 안 좋지?'

#2남편 … (휙 한번 쳐다보더니 TV만 본다)

#3부인 … '아니, 아프다는데 왜 쳐다보기만 해!'

#4남편 … '그래서?'

#5부인 … '내가 컨디션이 안 좋다고 하잖아.'

#6남편 … '나보고 어쩌라구?'

#7부인 … '무엇 때문에 그러냐고 물어봐야지?'

#8남편 … '당신 그런 일이 하루 이틀이야? 아이, 짜증나! 집에만
　　　　　들어오면…….'

#9부인 … '뭐라고?'

#10남편 … '뭐 그렇게 야단을 떠냐? 누구는 몸이 좋은가? 이런
　　　　　제기랄! 당신 몸만 중요하지?'

#11부인 … '뭐라고? 그렇게 밖에 말 못해?'

• 이 상황에서 부인은 왜 분노했는가?

부인이 왜 분노하는지 과정을 살펴보자. 분노 전문가들에 의하면 분노를 내기까지에는 두 가지 요소가 필요하다.

첫째로 연료, 즉 휘발유가 필요하며, 둘째로 연료에 불을 당길 성냥이 필요하다고 한다.

여기서 휘발유는 생활 중이나 또한 일을 통하여 발생된 여러가지 고통이나 불쾌한 것들이 모여 생기는 즉 스트레스를 의미하나, 단지 스트레스만으로 분노하지는 않는다.

분노가 일어나려면 휘발유에 불을 당길 성냥이 반드시 필요하며 이 성냥이 분노를 촉발한다. 이러한 촉발은 스트레스라는 연료에 불을 붙이는 생각을 말하며 이를 촉발사고라 한다.

촉발사고는 다시 말해 스트레스를 폭발시키는 부정적인 사고의 산물이라 할 수 있으며, "당신 때문에 내가 스트레스를 받았어!"라고 하는 "당신 탓"이라는 생각(사고)이 분노를 유발한다.

촉발사고의 정의를 보면 '분노를 자극하는 사건에 의해 발생되는 고통(짜증)스러운 생각, 기억 및 심상, 상실감 등의 사건'은 이를 회피하고픈 강력한 유혹에 따라 옳고, 그름 등의 판단이 수반되며 자신을 희생자로 판단하며, 자신이 느끼는 고통이 '남의 탓'이란 비난이나 원망을 하게 되는 것이다.

위의 상황에서 살펴보면

'#6남편－'나보고 어쩌라구?'가 연료가 되어,

'#10남편－'뭐 그렇게 야단을 떠냐? 누구는 좋은가? 이런 제기랄! 당신 몸만 중요하지?'

라는 말에 분노의 불이 점화되어 폭발하는 것이다.

그러면 일반적으로 사람들은 화를 어떻게 표현할까?

■ 화를 어떻게 표현할까?

우리가 생활 속에서 화가 난 사람을 보면 목소리가 커지고, 얼굴이 붉어지고, 눈에 핏발이 서며, 몸이 부르르 떨리거나, 삿대질을 한다거나 하는 등의 다양한 방식으로 알 수 있다. 즉 화를 낸다고 하면 얼굴이 붉어지고(표정), 소리를 지르고, 상대에게 무언가를 요구하는 것(공격성)이라 생각한다.

대화 시 눈을 마주치지 않는다든지, 묻는 말에 대답을 하지 않는 것처럼 상호간 교류작용을 차단(냉담, 무시)하면서 화났음을 표현하는 것도 있고, 상대방의 요구를 겉으로는 들어주는 척은 하지만 시간을 끌면서 일을 진척시키지 않는 사보타지적(Sabotage : 일을 하면서 고의적으로 작업 능률 을 저하시켜 사용자에게 손해나 불편을 주는 행위)인 방식도 있다.

인간이 다양한 방식으로 화를 표출하는 것은 일종의 생존 전략의 방편이며, 자신의 감정을 드러내고자 하는 본능적인 행동이다. 그렇기에 화의 부작용을 최소화하면서 제대로 화내는 법을 익혀야 할 필요가 있다.

가끔은 소리 지르고 고함을 쳤을 때 몸에서 엔도르핀이 나오며 순간적으로 기분이 좋아진다는 것이다.

화를 참지 않고 분출해야 좋다는 인식은 오래전 정신분석학에서

비롯되었고, 감정을 해소할 수 있는 카타르시스(Catharsis : 마음속에 억압된 감정의 응어리를 외부에 표출함으로써 마음의 정화를 찾는 것)적인 활동이 공격성을 줄여준다는 것이다. 그러나 분노 자체가 반복적으로 발생되면 좋지 않을 뿐 아니라 대인 관계 측면에서도 문제가 발생하여 기피의 대상이 될 수도 있다.

누구라도 옆에 가면 기분이 좋아지는 사람한테 가까이 가고 싶지, 짜증을 벗 삼아 사는 사람에게 누가 친근감을 느끼겠는가?

■ 화를 어떻게 대처할까?

화는 우울, 무감정, 슬픔 등의 많은 에너지를 가진 감정이며 이런 감정에서 벗어나게 하여 새로운 활력소를 주는 긍정적인 면도 있으나, 대표적으로 부정적인 감정의 하나로써 볼 때, 자주 반복되면 건강에 위해로운(뇌졸중, 심장질환, 간 상태 악화, 우울증, 불안 공포, 불면 등)요인이 될 수도 있으며 개인의 이미지에도 악영향을 초래할 수 있기에, 화에 대하여 잘 대처할 줄 알아야 한다. 이에 미국 듀크대 레드 포드 윌리엄스 교수가 개발한 분노 관리 프로그램인 IAMW에 대해서 알아보고자 한다.

• IAMW프로그램

① I-Imporant : 문제의 중요성
-'이 문제가 정말 내게 중요한가?'를 자문해 보라!

그렇지 않으면 그냥 흘려 보내라!

② A-Appropriate; 상황의 정당성

-내가 지금 느끼는(생각, 감정) 것은 정당한가?

-'다른 사람들도 나와 같은 감정을 경험할까?'를 자문해 보라!

NO라면 자기가 느끼는 반응을 수정하라!

③ M-Modifiable; 화의 변화 가능성

-지금 상황이 긍정적으로 바뀔 수 있는가?

-어떤 행동을 하면 상황을 바꿀 수 있는가?

  예) 태풍으로 비행기 출발이 취소 시 화를 냈다.

상황을 바꿀 수 없는 화는 왜 내는가?(통제 불가)

④ W-Worth it? : 화낼 가치 여부

-중요한 일이며, 분노가 정당하며, 상황이 바뀔 수 있는 것이라
 고 할 때 '행동을 취할 만한 가치가 있는가?'를 자문해보라!

• **조치 방법**

-①~④가지 요건을 충족될 경우만 화를 낼 수 있다. 각 질문에
 대하여 모두 'YES'라는 답이 나오면 'Action'을 취하여(공격적인 행
 동은 금한다 : 눈 맞춤, 표정, 언성, 말씨 등) 상대방에게 자기 주장을 설명
 하여 상대가 행동을 바꾸도록 정중히 요청한다.

-하나라도 'NO'가 나오면 자신의 반응이나 행동을 수정해야 한다.

• 결론

−나를 화나게 한 일은 중요한 일이 아니기에 관심을 다른 곳으로 돌려 긍정적인 생각을 한다.

−그래도 잘되지 않는다면 시간을 내어 명상이나 긴장 이완 훈련을 통해 자기 마음을 정화하고, 화와의 이별 연습을 위한 Healing(힐링) 시간을 가져야 한다.

−자주 산책을 하며 화난 생각을 떨쳐버리고 과거의 상처에서 탈피하여 현재를 즐기고 집중하는 법을 익힌다.

−한번의 부정적인 기분을 겪을 때마다 세 번 이상의 긍정적인 감정을 경험함으로써 부정적인 기분에서 탈피할 수 있도록, 상황에 맞게 해소할 경험을 만든다. (심호흡하기. 자기 신념 복창. 자기 칭찬 등)

−좀 더 철학적 사고(나의 정체성)로 살며 마음을 평온하게 유지한다. 또한 '오늘이 마지막인 것처럼' 생각한다면 극한적인 분노감이 들 때 상당히 도움이 될 것이다.
'오늘이 마지막인데 이렇게 분노해서 뭘 하며, 이럴 시간이 있겠는가?'

−분노와 내면의 갈등을 관리함으써 한층 더 성숙되는 계기가 됨을 인지하고, 분노와 이별하는 훈련을 게을리하지 말아야 한다.

나의 신조와 명상 훈련

■ 나의신조

1. 나는 나의 성공을 믿으며, 어떠한 어려움이 닥쳐도 반드시 극복할 것
이며, 항상 긍정적인 사고와 열정으로 생활하여 최고의 나를 만든다.

2. 나는 항상 타의 모범이 되며 나의 생각과 행동, 표정, 언어에 유념하
며 겸손하게 처신한다.

3. 나는 항상 배움을 게을리하지 않으며, 배움을 실천으로 승화시켜 큰
그릇의 인재가 된다.

4. 나는 일을 추진함에 있어 항상 변화를 추구하며, 어떠한 환경에서도
포기하지 않는 근성을 가진다.

5. 나는 항상 타인을 위하여 봉사하며 희생하는 정신을 가지고 매사에
임한다.

6. 나는 항상 윤리적이며 도덕적인 거울에 비쳐 위풍 당당한 인격을 가
진다.

7. 나는 내가 맡은 분야의 최고의 전문가로 성장함에 있어 노력을 게을
리하지 않는다.

8. 나는 나의 성공을 절대 믿으며 서비스인으로서 임무와 역할을 성실
히 수행한다.

9. 나는 나의 신조를 나의 꿈이 '될 때까지, 할 때까지, 이룰 때까지' 매
일 반복한다.

년　　월　　일

서명(인)　홍 길 동

이와 같이 근무 시 화가 발생할 때마다, 아니면 회사에 출근하여 업무 시작 전에 반드시 읽고 마음을 다진다.

스스로 인생을 펄떡이는 물고기처럼 보람차고 재미있게 살아가기 위해서 삶의 북극성을 만들어 인생의 여행길이 '유쾌, 통쾌, 상쾌' 하도록 하며 길을 잃지 말아야 한다.

목표는 머릿속에 넣어둘 수도 있지만, 짧은 단어나 몇 줄의 문장으로 적어서 有言實行(유언실행 : 말을 하면 실행한다)의 자세를 가져야 한다. 이를 통하여 직장 생활이나 사회 생활에서 흐트러지기 쉬운 마음을 다잡아주는 소중한 삶의 등대를 보면서 위기의 파도를 슬기롭게 넘어야 한다. 또한 삶의 흔적에 대해 먼 훗날 아름다운 추억을 당당하게 말할 수 있는 살아 있는 인생드라마를 만들어 보는 것도 인상 깊은 일이 아닌가 생각된다.

■ 명상 훈련

우리는 생활 중이거나 근무 중 일어난 좋지 않는 일에 대하여 상심을 하거나 극한 스트레스에 시달리게 된다. 이런 스트레스를 해소하지 않으면 결국 자신의 생활 리듬을 빼앗겨 버려 매사에 소극적이며 부정적이거나, 신경질적인 반응을 나타내어 자신뿐만 아니라 주변 사람들에게도 나쁜 영향을 미치게 된다. 따라서 스트레스가 쌓일 때 스스로 힐링할 수 있는 명상을 함으로써, 생활에서 힘들어진 마음을 정화하고 보듬어 주어 생활의 활력을 만들어야 한다. 이에 〈혜민 스님〉의 명상 멘트를 통하여 상처받은 마음을 치유하는 힐링의 시간으로 적극 활용함으로써, 마음의 평화를 유지하도록 반복적으로 실시하여 습관화되도록 한다.

• 명상 전 준비

오른손을 자신의 심장에 갖다 대고 위아래로 둥글게 마사지한다.(계속한다) 그리고 계속해서 눈을 감고 문구를 따라 읽는다.

■ 명상 멘트

몸아, 참 고맙다. 몸아, 참 고맙다.
내 것이라고 당연히 여기면서 막 쓰고 살았는데
네가 있어서 이생에서
정말로 많은 것들을 배우는구나!
몸아, 참 고맙다. 몸아, 참 고맙다.
오늘도 힘들었지?
마음아, 참 고맙다. 마음아, 참 고맙다!
네가 아프다고 해도
바쁘다고 무시하고 살았는데
네가 있어서 이생에서 많은 것을 배우는구나!
마음아, 참 고맙다.
나는 나를 사랑합니다. 나는 나를 사랑합니다.
다른 사람들에게 치여 상처받았던 나를 사랑합니다.
다른 사람들과 비교 당하면서

너무나도 아팠던 나를 사랑합니다.

나를 사랑합니다.

다른 사람이 보기에

조금 부족해 보일 수 있어도

나는 지금 이대로의 나를 사랑합니다.

나는 지금 이대로의 나를 사랑합니다.

■ 화 내는 법 이해하기

화는 상황에 대한 판단과 해석으로 생겨나기에 화를 다스리기 위한 방법으로 명상을 한다.

명상은 판단의 틀을 버리고 감각을 열어, 있는 그대로의 감정을 느끼기 때문에 화와 분노를 잠재우며 조절할 수 있는 능력을 길러 준다.

우리는 화나는 생각을 하니까 화가 난다. 그런 고로 생각이 바로 우리의 감정을 지배하는 것이다.

화는 피해야 할 대상도 억눌러야 할 감정도 아니다. 명상을 통해 투명하게 있는 그대로의 감정으로 받아들여 건강한 정서를 활용하여 균형을 잡아 평화로움을 주는 것이 중요하다.

'화가 난 것 같다'거나 '남을 비난하고 싶다.'라는 것을 알아차리면, 잠시 물러나서 내가 화가 난 과정에 관해 생각해 보며 어떻게 사람들을 대하고 싶은지, 어떻게 관계를 이끌어 가고 싶은지, 이

상황을 어떻게 다루고 싶은지, 이 순간에 당신이 어떤 사람이 되고 싶어하는지를 알아야 한다. 내 선택에 따라 이 순간이 바뀐다는 것을 인지해야 한다.

우리가 화를 내면 감정이 풀릴 때까지, 욕도 하고, 크게 소리 지르기 등으로 표현되며 폭발하면 그야말로 눈에 보이는 것이 없게 된다. 그러고 나서도 감정의 브레이크가 잡히지 않으면 화내는 행동을 한 후 후회라는 수순을 밟는다. 그러면서 '참을걸' 하며 후회하지만 이미 엎질러진 물이다. 따라서 화가 나는 감정, 그리고 개인이 받는 고통 그 자체는 있는 그대로 존중되어야 한다. 그러나 화가 났을 때 화나는 순간을 알아차리고 적절한 표현과 조절 방법을 습득하기 위해 지속적인 학습과 연습이 절대 필요하다.

우리는 서비스 업종에 종사하는 한, 화나는 상황에 매일 매시간 노출되어 있다. 화를 항상 잘 조절하고 건강하게 표현할 때 우리는 감정을 제대로 표현할 수 있는 성숙한 사람이 될 수 있다. 이를 위해서 생활 주변에 산재해 있는 화를 위한 식재료를 잘 믹스해서 조절하여 즐거운 생활이 유지되도록 스스로 만들 줄 알아야 진정한 서비스인이 되는 것이다.

T제퍼슨이 말한 것처럼 '화가 나면 마음속으로 말하기 전에 열을 세어라! 더욱 화가 나면 마음속으로 백을 세어라!'를 기억하고 실천해야 한다.

4

프로
서비스맨
만들기

도저히 손댈 수 없는 곤란에 부딪혔다면
과감하게 그 속으로 뛰어들어라.
그리하면
불가능하다고 생각했던 일이 가능해진다.
자기의 능력을 완전히 신뢰하고 있으면
반드시 할 수 있다.
−데일 카네기−

제4장에서는 프로 서비스맨이 되기 위해서 무엇을 어떻게 해야 하는지에 대하여 알아본다.

프로 개념의 이해

프로(Professional)란 사전적인 의미로는 어떤 일을 전문적으로 하거나 직업적으로 하는 사람을 말한다.

즉 어떤 틀에 얽매이지 않고 창의적인 발상으로 새로움을 추구하며, 자기 분야의 최고를 위해 도전을 멈추지 않는 근성이 있으며 그 분야의 끼가 있는 사람이다.

서비스 업종에 근무하는 모든 사람은 프로가 되어야 하며 전 직원이 이런 경지에 도달할 때 고객으로부터 진정한 명품 기업, 명품 매장이라는 평판을 듣게 된다.

명품의 品(품)은 3개의 입 口(구)로 구성되어 있다.

첫째의 입은 고객으로부터 듣는 평가의 소리이며, 둘째의 입은 내부 직원으로부터 어떤 평가를 받고 있는가이며, 셋째의 입은 기업과 관련된 이해 관계자로부터 어떤 평가를 받는지에 따라 명품인가, 아닌가에 좌우된다고 할 수 있다. 따라서 이 세 종류의 입에서 좋은 평가가 나올 수 있도록 현재의 시점에서 문제를 알고 이를 즉시 개선하여 한 차원 높은 관리가 이뤄지도록 철저를 기해야 한다.

■ 프로의 자세

프로(PRO)가 되기 위해서는 먼저 PRO로서의 자세를 가져야 한다. PRO란 다음과 같은 의미를 가진다.

첫째, Positive(긍정적)한 생각을 가져야 한다.

그 분야의 전문가가 되는 것은 하루아침에 이뤄지지 않는다. 프로의 경지에 도달하기 위해서는 피와 땀과 눈물이라는 고난과 시련의 비료를 먹고 자란 결과의 열매가 바로 프로이다. 따라서 프로는 태어나는 것이 아니라 만들어지는 것이다.

일반적으로 보통의 사람들은 한 두번의 실패에 좌절하거나 쉽게 포기를 해버리는 습성을 가지고 있지만 프로는 항상 엎어질 때마다 오뚜기처럼 일어나는 질긴 근성의 소유자들이며, 엎어진 계단을 밟고 일어서야 성공의 계단에 오를 수 있다는 의지를 가진 자들이다.

'안 되면 되게 하라'는 해병대 정신과, 한 번 물면 놓지 않는 토종

개 풍산개처럼 말이다.

업무에 지치고 휘둘리면 지는 것이며, 업무에 열중하여 미치면 이기는 것이 不狂不及(불광불급)의 자세라 할 수 있다.

모든 일은 생각이 행동을 지배하기에, 열정이라는 연료를 태워 프로라는 목적지를 향하는 여정을 즐길 줄 알아야 한다. 뿐만 아니라 프로는 매사에 긍정적인 자세를 가져야, 미래도 긍정적인 미래가 펼쳐짐을 아는 사람이다. 따라서 성공을 위한 과정은 쓰지만 이를 극복한 후의 열매는 달다는 것을 잊지 말아야 한다.

둘째, Responsibility(책임감)를 가져라

프로는 자신이 한 일에 대해 책임을 질 줄 알아야 하며 절대 변명을 늘어놓아서는 안 된다. 특히 서비스 현장의 전선을 지키는 서비스인으로서의 역할은 고객 한 사람, 한 사람을 만족을 넘어 감동시키는 것이 임무이다. 그럼에도 불구하고 감정을 컨트롤하지 못해 서비스 전선이 무너진다면 조직 전체의 이미지 추락은 물론, 개인의 이미지도 저하되기에 행동에는 항상 책임이 따름을 알고 처신해야 한다. 즉 '당당하게 행동하고 당당하게 책임질 줄 아는 자세'가 필요하다. 프로는 권한 행사보다 항상 책임을 중시하는 사고를 가져야 한다. 무슨 일이 있더라도 책임은 자신에게 있음을 알고, 항상 자신의 얼굴과 표정, 그리고 언어 구사 및 응대 자세에 대하여 책임질 줄 알아야 한다.

셋째, Objective(목표)를 가져야 한다.

프로는 뚜렷한 목표를 가지고 멀리 내다보며 하루하루를 가슴 뛰는 삶을 사는 사람들이다.

사람이 목표가 없다면 삶은 무의미 해지고 활력이 없다. 즉 존재의 의미를 알기 위해서는 가야 될 이정표와 해야 될 일을 알고 행동해야 한다.

필자는 교육 중, 가끔 피교육생들에게 '되고 싶은 목표가 무엇인가요?'라고 대뜸 질문을 던진다. 이때 10초 이내에 나름대로의 꿈이나 되고 싶은 목표를 줄줄이 이야기하는 사람의 근무 태도나 업무 역량 수준을 평가해 보면, 다른 사람들보다 업무 처리나 성과에 있어서 탁월함을 발견할 수 있었다. 아울러 생기 발랄하고 얼굴에는 항상 미소를 담고 있다는 사실이다. 여러분 주변에 있는 사람들도 마찬가지로, 목표가 없는 사람들은 삼삼오오 끼리끼리 모여서 남의 험담과 불평, 불만을 쏟아내는 카더라 통신의 본산지이다. 해야 될 목표가 분명하지 않아 순간순간에만 집착하여 생활을 하니, 생각이 부정적이 되며 때로는 무기력해지게 된다. 지금부터라도 프로 대접을 받고 싶다면 Goal(목표)을 설정하고 도전해야 한다.

목표가 있어야 시간 스케줄이 붙은 계획을 수립하고 이에 따라 행동하는 과정이 뒤따르는 것이다.

지금 시간을 관리하지 않으면, 언젠가는 오늘 헛되이 보낸 시간에 대한 보복을 당연히 받게 됨을 기억해야 한다.

'아마추어는 계획 없이 시간에 끌려다니는 사람이며, 프로는 Know-Where를 생각하기에 꿈을 먹고 살며, 목표를 향하여 뛰면서 생각할 뿐만 아니라 항상 Only One을 추구한다.'라는 말과 같이, 이런 차이가 결과의 차이를 만드는 것이므로 방향이 있는 삶을 살아야 한다.

■ 프로의 업무 수행 원칙7

첫째, 옳은 일을 하는 것이다. (Doing the right things)

둘째, 일을 올바르게 하는 것이다. (Doing things right)

셋째, 일을 좀 더 낫게 하는 것이다. (Doing things better)

넷째, 그 일을 하지 않는 것이다. (Doing away with things)

다섯째, 남들이 하는 것을 따라 한다. (Doing things others are doing)

여섯째, 남들이 하지 않는 것을 한다. (Doing things no one else is doing)

일곱 번째, 아무도 할 수 없는 것을 한다. (Doing things that can't be done)

(출처 : William W.Lee & Karl J.Krayer의 저서 'Organizing Change')

과연 여러분과 조직들은 프로가 되기 위한 업무 수준은 어디에 위치하고 있으며, 어디를 목표로 진화하고 있는지를 다시 한 번 재점검하고, 새로운 방향을 재설정하여 도전해야 한다.

'프로는 시간의 길이가 아니라, 선택과 집중의 결과이기 때문이다.'

우리는 감정노동자다

지금 지구촌의 모든 산업 분야에서 서비스 사회화가 진행되고 있으며 서비스산업은 산업구조의 다양한 변화와 IT기술 발달 등에 힘입어 신규 일자리가 계속 출현하고 있다.

서비스 산업의 노동 성격은 고객을 위하여 관심, 배려, 봉사, 희생 등의 수직적인 행동을 요구하고 있기에, 이런 서비스를 수행하는 과정에서 생기는 감정노동으로 인하여 마음이 충돌하는 산업이라 볼 수 있다. 또한 업체마다 최고, 최대의 서비스 제공을 목표로 함에 따라 종사자들의 심각한 스트레스 발생은 물론, 심적인 갈등과 우울증 등의 후유증으로 인하여 정신적 질환이 증가하고 있으며, 감정노동은 이제 세계적인 Hot 이슈가 되고 있다.

특히 현대의 기업들은 서비스 차별화가 곧 경쟁력이라는 사실을 인지하고, 감정노동을 강화하는 추세에 있다.

경쟁이 심화되면 될수록 서비스에 대한 고객의 요구 수준은 점점 고도화되고 심화되는 추세이다. 다시 말해 경쟁에서는 無客無社(무객무사 : 고객이 없으면 회사도 없다)의 원칙이 존재하기에 이를 위하여 친절교육(CS : Customer Satisfaction 고객만족)이나 모니터링이 최우선시되고 있다. 또한 고객 접객의 매뉴얼화로 서비스 현장의 전 직원들이 표준화된 행동으로 고객 응대를 위한 반복적인 교육과 훈련을 실시하고 있다.

이런 힘든 환경에서 열정을 바쳐 근무하는 직원들을 위해 기업은 직원들의 삶과 일에 대한 균형을 위하여 노력해야 하며, 그들의 건강에 관심을 가지고 지켜보고 관리해야 한다. 이에 세계 보건 기구(WHO)는 건강을' 육체적, 정신적, 사회적, 영적으로 안녕한 상태'로 정의하고 있다.

'귀사의 직원들은 오늘도 안녕하십니까?'를 점검하고 이에 대한 대책을 강구하고 실천하여 그들과 함께 상생의 발걸음을 내디뎌야 한다.

■ 감정노동이란?

서비스 산업이 지속적으로 확대 발전하고 소비 자본주의가 발달함은 물론 그들의 파워가 강화되는 산업환경 속에서 감정노동(Emotional Labor)을 하는 근로자가 점차적으로 늘어나고 있는 추세이다.

감정노동은 정신적 스트레스를 유발하고, 직무 소진(Burn out)이나 이직에 영향을 줄 수 있으며, 심리적인 건강과 더불어 개인 생활에도 영향을 미칠 수 있다.

감정노동이라는 용어는 미국 버클리대 명예교수이자 여성 사회학자인 앨리 러셀 혹실드(Arlie Russell. Hochschild)가 1983년에 출간한 책 『통제된 마음(The Managed Heart)』에 등장한 용어로, 감정노동(Emotional Labor)을 하는 사람들을 일컬어 감정노동자라 한다.

혹실드에 의하면 감정노동이란『소비자들이 우호적이고 보살핌을 받고 있다는 느낌을 가질 수 있도록 외모와 표정을 잘 유지하고, 자신의 실제 감정을 제어하거나 실제 감정과 다른 감정을 표현하는 등 감정을 관리하는 노동이다.』라고 했다.

감정노동은 직원으로 하여금 고객들의 기분을 좋게 하려고 자신의 감정을 억제하는 것을 의미한다. 따라서 무조건적으로 고객을 위한, 고객에 초점을 맞춘 서비스이다.

사용하는 언어인 말씨나 표정, 그리고 태도나 몸짓 등으로 드러나는 감정 표현을 매뉴얼에 기초하여 실천해야 하기에 자신의 감정을 억누르고 행동해야 하며 이를 통제하지 못할 경우 고객의 감정기상도에 따라 불만을 초래하기도 한다. 이럴 경우 나 혼자만의 컴플레인이 아닌 조직 전체의 이미지 평가로 연결되기 때문에 서비스는 개인 종목의 경기가 아니라 단체 경기 종목임을 알고 개인들의 감정을 잘 추스려야 한다.

얼마 전, 라면 때문에 P그룹의 임원이 K항공사 승무원을 폭행한 사건이 감정노동의 단적인 예이다.

서비스 현장의 모든 종사자들은 감정의 상처를 받으면서도 '오늘도 웃어야 한다'는 불편한 진실을 거역하기는 힘들다. 그들을 위해 '누가 누가 더 잘하는지'에 대한 서비스의 생존 콘테스트는 계속되기 때문이다.

감정노동자들은 고객의 눈에 비치는 얼굴 표정이나 몸짓, 언어,

인사말 등의 감정 표현을 정해진 감정 법칙에 맞게 고객이 원하는 방향으로 자신의 감정을 조절하거나 관리해야 된다는 의식 속에서 매일 업무에 임해야 한다. 따라서 이들이 경험하는 업무에 대한 스트레스가 심각한 수준에 도달할 정도이다.유통업 종사자들 신입직원 교육 시 '여러분은 직장이 아니라 인생 학교에 입학한 것이며, 여러분이 지급받는 임금은 임금이 아니라 Scholarship(장학금)이라고 생각하면서 근무해야 한다.'라고 특히 강조한다. 근무하다가 어느 한순간 별난 고객을 만나면, 그 하루 동안의 기분이 천당과 지옥을 왔다 갔다 하게 된다. 그다음에 생각하는 것이 '이 임금 받으려고 저런 사람한테 돼먹지 않은 소리나 들으며 다녀야겠느냐'라고 하면서 한순간 신세 타령으로 돌변한다. 그리고 결국 자기 감정을 제어하지 못하고 감정에 휘둘려 퇴사해 버리는 경우를 심심치 않게 보아 왔기 때문이다. 따라서 직장이 아니라 매일 공부하면서, 사람 공부 잘했다고 인생학교에서 주는 장학금을 받는 것이니까 '얼마나 축복받은 직장인가?'라고 생각할 수도 있을 것이다.

어차피 다녀야 할 직장이라면 보다 긍정적이며 건설적인 생각을 가지고 '오늘은 어떤 고객을 만나서 무엇을 공부할까?'라는 생각을 하며 출근한다면 얼마나 보람차고 즐거운 직장생활이 되겠는가?

원효대사가 당나라 유학길에 어둠 속에서는 해골 물을 맛있게 먹고 갈증을 가시게 할 수 있었으나, 다음 날 해골 물임을 알고부터 구토로 온 창자가 뒤틀리는 괴로움을 당하였다. 이때 크게 깨닫고서 '더러움과 깨끗함이 모두 나의 마음으로부터 일어나는 분별이다. 그러므로 동일한 사실에 대하여 어떤 사람은 고통스럽게 느끼는데 또 다른 사람은 평안하게 보는 수가 있다. 이는 오직 마음의 조작일 뿐이다.'라고 하여 일체유심조(一體唯心造)를 설파하였다. 즉 '인생은 마음먹기에 달린 것'이다.

지방 순회 교육 시 일찍 매장에 가서 출근 카드를 찍고 일터로 가는 직원들의 얼굴 표정을 보면, 어떤 직원은 만면에 미소를 머금고 싱글벙글 지나가며, 어떤 직원은 아무 표정 없이 지나가는가 하면, 어떤 직원은 그야말로 도살장에 끌려가는 듯 오만상을 한 모습으로 가는 사람도 있다.

나는 이들의 표정을 볼 때마다 '왜 직원들의 표정이 다를까?' 하며 의아심을 가지고 관찰해 보았다. 시간이 지나면서 역시나 출근 시 좋은 표정을 가지고 하루를 시작하는 직원들의 업무에 임하는 열의나 성과도 그렇지 못한 직원보다 더 월등함을 알게 되었다. 따라서 직원 채용 시 가장 중점적으로 보는 것이 피면접자의 인생관이나, 친구 관계, 질문을 통해 조직을 위해 희생할 줄 아는 이타정신(利他精神 : 타인을 위하는 마음가짐) 소유 여부나 태도, 사고방식에 대하여 질문을 하곤 한다. 사람의 얼굴을 보면 그 사람이 살아온 이력이 보이며, 피면접자의 태도나 눈동자를 보면 그 사람의 심리상태를 파악할 줄 아는 혜안을 가져야 하는 것이다.

훌륭한 조직의 리더는 인재를 감별할 줄 아는 능력의 소유자가 아닌가 생각된다.

감정노동 스트레스는 마음의 병이며 마음을 컨트롤하지 못하면 감정의 노예가 되어 스스로 자괴감을 느끼게 되는 것이다. 따라서 서비스업종에는 외향적이며 활달한 성격의 소유자들이 적성에 맞는 것 같다. 그날 생긴 스트레스를 훌훌 털어버릴 수 있기 때문이다. 따라서 프로 서비스맨은 감정의 불씨 관리를 어떻게 하는가에 좌우된다고 볼 수 있다.

2012년 한국직업능력개발원이 203개 직업에 종사하는 직원 5,667명을 대상으로 한 설문 조사 결과에 따르면, 항공기 승무원이 감정노동에 가장 많이 시달리는 것으로 나타났다.

주) 5점 만점

순위	직업	점수	순위	직업	점수
1	항공기 객실 승무원	4.70	16	물리 및 작업치료사	4.20
2	홍보도우미 및 판촉원	4.60	17	비서	4.19
3	통신서비스, 이동통신기판매원	4.50	18	레크레이션 강사	4.18
4	장례상담원 및 장례지도사	4.49	19	치과의사	4.16
5	아나운서 및 리포터	4.46	29	사회복지사	4.16
6	음식서비스 관련관리자	4.44	21	여행 및 관광안내원	4.15
7	검표원	4.43	21	경찰관	4.15
8	마술사	4.39	23	결혼 상담, 웨딩플래너	4.13

9	패스트푸드원	4.39	23	유치원 교사	4.13
10	고객상담원(콜센터 상담원)	4.38	23	연예인 및 스포츠 매니저	4.13
11	미용사	4.35	26	경호원	4.12
11	텔레마케터	4.35	26	보험영업원	4.12
13	출납창구 사무원	4.34	26	보육교사	4.12
13	응급구조사	4.34	29	약사 및 한의사	4.11
15	간호사(조산사 포함)	4.33	30	여행상품 개발자	4.10

조사 결과를 볼 때 항공기 객실 승무원과 음식 서비스 관련 종사자, 홍보 도우미, 판촉 사원, 고객 상담원 등의 직업에 종사하는 사람들이 감정노동을 많이 수행하는 것으로 나타났다.

이들은 배우가 연기를 하듯이, 직업상 자신의 감정을 감춘 채 다른 얼굴 표정과 몸짓으로 고객을 대하여야 하며, 보통 감정 관리 활동이 직무의 40% 이상을 차지하는 근무이다. 이러한 근무 환경 때문에 때로는 스마일 마스크 증후군(Smile Mask Syndrome)에 시달리는 경우도 있다고 한다. 즉 마음은 내키지 않지만 얼굴 표정은 웃어야 하는 행동의 반복으로 말미암아 식욕이 저하되거나 우울한 상태가 지속되는 증상을 말한다.

서비스는 상품을 팔기 전에 감정을 파는 업종임을 알고 사업을 지속하는 한, 서비스의 메아리는 고객의 마음속에 영원히 깊게 울려 퍼질 것이다. 감정노동자들의 근무 시 노력하는 행위는 크게 표면 행위(Surface Acting)와 내면 행위(Deep Acting)로 구분된다.

표면 행위와 내면 행위는 모두 표현 규칙에 맞추어 감정을 겉으로 표현하려는 목적을 갖는다. 표면 행위는 행위자가 내면에서부터 그 감정을 느끼지는 않더라도 표정, 몸짓 등을 조정하여 요구되는 감정을 드러내는 것을 의미한다. 무슨 일을 하고 있건 문이 열리면. "어서 오십시오. 고객님!"이라고 외치는 것이나, 고객과 눈을 맞추고 이가 드러나게 웃어야 한다는 등의 규칙들은 표면 행위를 규정하는 것이다.

내면 행위는 표현하도록 요구받은 감정이 실제 마음에서 우러나도록 개인의 감정을 조절하려는 노력이다. 내면 행위를 위해 개인은 기분 좋은 생각을 하는 것이다. 자신의 감정을 직접적으로 바꾸거나, 고객을 내 집에 온 손님이라고 생각하는 등 훈련된 상상력을 간접적으로 이용하여야 한다.

서비스 황금법칙(사례)

■ 서비스 사관학교 리츠칼튼

Apple의 스티브 잡스(Steve Jobs) 전 CEO가 최고의 고객 경험을 선사하기 위해 벤치마킹한 '최상의 롤모델' 기업은 리츠칼튼 호텔이었으며 '서비스 황금 표준(Gold Standard)' 가운데 하나인 '서비스의 3단계'를 교육받고 실천하도록 했다.

• 서비스 3단계

① "반드시 고객의 '이름'을 부르며 따뜻한 마음으로 맞이한다."
② "고객이 표현하지 않은 욕구까지도 만족시킨다."
③ "고객의 '이름'을 부르며 따뜻한 감사의 작별 인사를 한다."

■ 리츠칼튼의 서비스 가치

"나는 리츠칼튼의 직원이라는 사실이 자랑스럽다."

1) 나는 평생 돈독한 인간관계를 형성하고 고객을 창조한다.

2) 나는 표현하든 하지 않든, 그것과 무관하게 고객의 소망과 욕구에 항상 대처한다.

3) 나는 우리 고객을 위해 독특하고 인상적이며 개인적인 경험을 창조할 권한이 있다.

4) 나는 핵심 성공 요소를 성취하고 커뮤니티 풋 프린트를 수용

하며, 리츠칼튼 신비주의를 창조하는 과정에서 내가 수행해야
할 역할을 이해한다.

5) 나는 고객의 문제를 책임지고 즉시 해결한다.

6) 나는 끊임없이 배우고 성장할 기회를 가지고 있다.

7) 나는 나와 관련된 업무의 계획 과정에 참여한다.

8) 나는 팀워크와 탁월한 서비스를 지원하는 업무 환경을 조성해
고객과 동료들의 욕구를 충족시킨다.

9) 나는 전문가다운 용모와 언어, 그리고 행동에 자부심을 느낀다.

10) 나는 리츠칼튼 경험을 혁신하고 개선할 기회를 지속적으로
모색한다.

11) 나는 고객과 동료의 사생활과 안전, 그리고 회사의 기밀 정보
와 자산을 보호한다.

12) 나는 탁월한 수준의 청결함을 유지하고 사고의 위험이 없는
안전 환경을 조성할 책임이 있다.

■ 리츠칼튼의 20가지 기본 수칙

1) 크레도는 우리 회사의 주된 신념이다. 전 직원이 이를 이해하
고 숙지하고, 실천해야 한다.

2) 우리의 모토는 "우리는 신사 숙녀에게 봉사하는 신사 숙녀"이
다. 서비스 전문가로서 우리는 존경심과 품위를 가지고 고객과
동료를 대한다.

3) 서비스의 3단계는 리츠칼튼 서비스의 기본이다. 고객 만족, 고객 보유, 고객의 충성심을 확보하기 위해 모든 고객들에게 이 단계를 반드시 활용해야 한다.

4) '직원에 대한 약속'은 리츠칼튼 업무 환경의 토대이다. 모든 직원은 이 서약을 존중해야 한다.

5) 모든 직원은 매년 자신의 직책에 맞는 훈련을 받아야 한다.

6) 회사의 목표는 모든 직원들과 공유되어야 한다. 회사의 목표를 지원하는 것은 모든 직원의 책임이다.

7) 모든 직원은 자랑스럽고 즐거운 직장을 창조하기 위해 자신과 관련된 업무의 계획에 참여할 권리가 있다.

8) 모든 직원은 호텔 전반의 결함(MR.BIV : 실수Mistake, 재정비Rework, 파손Breakdown, 비효율성Inefficiency, 변동Variation을 축약해 만든 용어)을 끊임없이 확인해야 한다.

9) 고객과 동료의 욕구를 충족시키기 위해 팀워크와 탁월한 서비스를 제공하는 업무 환경을 조성하는 것은 모든 직원의 책임이다.

10) 모든 직원은 권한을 부여받았다. 이를테면 고객에게 문제가 발생하거나 특별한 서비스가 필요할 때 일상적인 업무에서 벗어나 그 문제에 대처하고 해결해야 한다.

11) 모든 직원은 절대적으로 청결해야 할 책임이 있다.

12) 모든 직원은 고객에게 최상의 개인 서비스를 제공하기 위해 고객 개개인의 기호를 확인하고 기록해야 할 책임이 있다.

13) 결코 고객을 잃지 말아야 한다. 고객을 즉각 만족시키는 것이 모든 직원의 책임이다. 누구든 고객의 불만을 받은 사람은 그것을 인정하고 고객이 만족하도록 해결한 다음 기록한다.

14) "웃어라! 우리는 지금 무대에 있다." 항상 호의적으로 눈을 맞춘다. 고객이나 동료에게 예의 바른 어휘로 말한다. ('Good morning', 'I'll be happy to.', 'My pleasure'라는 표현을 이용한다. 'OK', 'Sure', 'Hi' 'hello', 'No Problem'이라고 표현하지 않는다.)

15) 직장 안팎에서 자신이 근무하는 호텔의 대사가 된다. 항상 긍정적으로 이야기한다. 걱정거리가 생기면 적절한 사람과 대화를 나눈다.

16) 고객이 호텔 내에서 다른 곳으로 가기를 원하면 방향만 가리키지 말고 직접 안내한다.

17) 리츠칼튼 전화 예절 수칙을 따른다. 벨이 세 번 울리기 전에 '미소를 띠며' 전화를 받는다. 가능하다면 고객의 이름을 부른다. 필요할 경우 전화를 건 사람에게 '잠시 기다려 주시겠습니까?'라고 부탁한다. 전화를 가려서 받지 않는다. 가능하다면 전화를 이리저리 연결하지 않는다. 음성사서함 규정을 준수한다.

18) 자신의 용모에 관심과 자신감을 가진다. 모든 직원은 리츠칼튼 복장 및 용모 규정을 준수함으로써 전문가다운 이미지를 전달할 책임이 있다.

19) 안전을 먼저 생각한다. 모든 직원은 고객과 동료를 위해 위험
요소와 사고가 없는 안전한 환경을 조성할 책임이 있다. 화재
및 비상사태 안전 절차를 숙지하고 안전상 위험 요소가 있으
면 즉시 보고한다.

20) 모든 직원은 리츠칼튼 호텔의 자산을 보호할 책임이 있다. 에
너지를 절약하고 호텔을 적절히 관리하여 환경을 보호한다.

고객의 표정을 읽어라

■ 표정 읽기 노하우

고객에게 상품을 팔기 전에 나의 이미지를 팔 줄 알아야 한다. 나의 이미지를 팔기 위해서 먼저 감정 기복이 심한 고객을 알고 대처하는 맞춤형 서비스를 제공할 수 있어야 한다. 그러기 위해서는 표정 뒤에 감춰진 고객의 감정을 알고 그에 상응한 대처를 해야 한다. 이유는 표정은 감정을 대신하기 때문이다.

저자는 아이들이 아기 때, 집사람으로부터 '당신은 정말 아기 볼 줄 모른다.'는 핀잔을 들은 일이 있다. 이유는 간단했다. 아기가 보챌 때는 배가 고픈 것이라고 생각해 무조건 우유병을 입에다 물렸다. 하지만 아기는 계속 울음을 터트리는 것이었다. 나는 아기의 표정에서 '칭얼댐은 곧 배고픔'으로만 알고 있었기 때문인데, 이것은 '아기'라는 고객의 감정을 내 개인적인 생각으로 판단해 행동했기 때문이다. 나중에 알고 보니 기저귀에 실례(?) 한 것을 모르고 기저귀를 갈아주지 않아서 계속 울음을 터트렸던 것이었다. 이는 아기의 습성을 이해하지 못해 생긴 어리석은 아빠의 고객 관리(아기) 사례이다.

이처럼 아기의 표정에 담긴 감정을 읽지 못하고 대처를 하니, 아이는 '울음'을 컴플레인의 수단으로 표현한 것이다.

표정은 감정을 대변하는 것임을 알고 고객의 표정을 읽는 노하우를 터득해야 한다.

서비스의 달인이 되기 위해서는 고객의 마음을 읽고 제대로 대처하는 것이 프로의 자세라 생각된다. 마음은 보이지도 않고 손에 잡히지도 않는데 과연 읽을 수 있는 것일까? 고객의 마음을 읽는다는 말은 고객의 마음을 보고 만질 수 있다는 뜻이며 고객의 모든 행동과 말을 관찰함으로써 마음을 읽을 수 있다.

문제는 고객의 본심과 겉으로 드러난 행동과 말이 서로 다를 수 있기에 겉으로 드러난 행동 뒤에 숨은 진짜 의미를 알고 대응할 수 있어야 한다.

옛 속담에 '열 길 물속은 알아도 한 길 사람 속은 모른다'는 말처럼 사람의 마음을 읽는 것은 대단히 어렵다.

생활 속에서 우리의 속 감정은 카바이트를 먹은 것처럼 부글부글 끓어도, 고객이나 상사에게 잘 보이기 위해 애써 웃는 표정을 짓기도 하고 때때로 미간을 찌푸리거나 앞머리에 바람을 불어대거나 기가 차다는 표정을 짓기도 한다. 이런 감춰진 표정들을 읽고서 어떤 감정인지를 알기 위한 방법이 표정 심리 연구 전문가들에 의해 연구되어 왔다.

최근 미국 오하이오 앨레익 마르티네스 교수 연구진은 230명을 대상으로 얼굴 근육의 움직임에 따라 변화하는 표정을 조사했고, 공개된 사진은 21가지의 각기 다른 표정이 담겨 있으며 사람의 표정은 21가지라는 주장이 제기됐다.

지난 1일 뉴사이언티스트 등 해외 언론은 '사람의 표정은 21가지'라는 미국 국립과학협회보에 발표한 연구 결과를 보도했다.

기존의 사람의 표정은 "행복(Happy), 슬픔(Sad), 놀람(Surprised), 두려움(Fearful), 분노(Angry), 혐오(Disgust) 6가지로 단순화되어 있던 사람의 감정을 더 세분화했다"며 연구에 대한 의미를 밝혔다.

6가지로 이 같은 감정 표현을 위해 얼굴 근육을 이용한다는 것이 정설이었으나, 앨레익 마르티네스(컴퓨터 공학) 등 연구진에 의하면 미국 문화권의 사람들은 공통적으로 같은 얼굴 근육을 사용해 21가지의 감정을 표현한다고 했다.

이들은 기쁨·슬픔·화남 외에도 '행복하게 놀란(Happily Surprised)', '행복하게 싫은(Happily Disgusted)', '화나면서 싫은(Angrily Disgusted)', '슬프면서 무서운(Sadly Fearful)', '슬프면서 화나는(Sadly Angry)' 등 다양한 감정 표현에도 각각 같은 근육을 사용한 남·녀의 사진을 공개했다.

(출처 : 조선닷컴 2014.4.3)

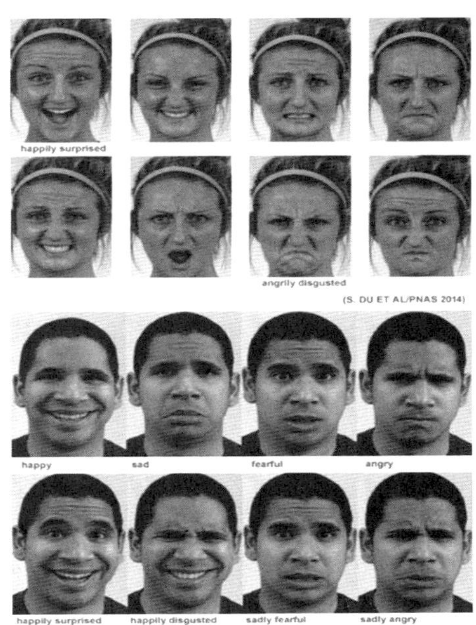

미국의 데이비드 마쓰모토 교수는 '인간에게 다양한 비언어 채널이 존재하며, 채널이라고 부르는 이유는 마치 TV채널을 바꿀 때마다 다양한 채널로부터 다양한 메시지를 얻기 때문이다.'라고 했으며 채널에는 표정 채널, 몸짓 채널, 음성 채널이 있으며 채널 안에는 하위 채널도 있다.

음성 채널은 말투와 목소리의 높낮이인 억양과 말의 속도를 의미하며, 표정 채널의 하위 채널은 얼굴의 근육을 움직이는 것(눈 깜빡임), 다른 데를 바라보는 것이다. 인간은 오랜 생존을 통한 경험으로 상대의 표정을 잘 읽는 법을 알고 있으므로 상황에 맞는 대응을 할 줄 알아야 한다.

그러면 6가지 기본 감정에 따른 표정들에 대하여 알아보고자 한다.

1) Happy(행복)

사람은 행복할 때 밝게 웃는 표정을 지으며 감정을 전달한다. 긍정적이며 적극적인 감정 표현인 미소는 인생의 행복을 좌우한다고 한다. 행복한 표정을 많이 지을수록 자신에 대한 이미지 평가는 좋을 뿐 아니라 상대방의 이해를 도와 사회 생활을 원활하게 하는 기폭제가 된다. 그런 결과로 여러분의 얼굴 표정 하나하나가 평생 연봉을 결정한다고 할 만큼 중요하다.

사람들을 대인관계 측면에서 보면 가까이 가서 기분 좋은 사람들은 항상 웃음이라는 친구를 벗 삼아 사는 아주 낙천적이며 긍정적인 사람들이다. 행복이나 슬픔과 같은 감정은 전염성을 가지고 있기에 고객으로부터 '기피 매장, 기피 직원'이 될 것인지, 아니면 '호감 매장, 호감 직원'으로 평가 받을 것인지는 바로 직장생활을 어떻게 하는가의 마음 가짐에 달려 있다. 그러면 우리가 행복할 때 웃는 미소에는 어떠한 것이 있는가?

■ 미소의 종류

1) 해야 되는 미소

* 미소(微笑) : 소리를 내지 않고 빙긋이 웃음

* 언소(言笑) : 웃으면서 이야기함

* 일소(一笑) : 한번 웃는 일, 깔보아 웃는 웃음

* 폭소(爆笑) : 갑자기 터져나오는 웃음

* 함소(含笑) : 웃음을 머금음, 웃는 빛을 띰

* 해소(孩笑) : 어린아이의 웃음

* 홍소(哄笑) : 껄껄 웃음, 떠들석하게 웃음

* 환소(歡笑) : 즐거워서 웃음

* 희소(嬉笑) : 실없이 웃음, 예쁘게 웃음

2) 해서는 안 되는 미소

* 모소(侮笑) : 남을 업신여겨 비웃음

* 목소(目笑) : 서로 눈짓하여 비웃음

* 비소(非笑) : 조소(嘲笑) : 비웃음

* 실소(失笑) : 더 참지를 못하고 저도 모르게 웃음
* 연소(燕笑) : 세상의 웃음거리
* 치소(嗤笑) : 빈정거리며 웃음.

• 긍정심리학에서 말하는 미소

긍정심리학에서 미소를 뒤셴미소(Duchenne smile)와 팬아메리칸미소(Pan-american smile)로 구분한다.

뒤셴미소는 프랑스의 신경학자 Duchenne(뒤셴)이 발견하였으며 마음에서 진심으로 우러나오는 웃음이다. 이 웃음은 입술 끝(입꼬리)이 위로 당겨질 뿐만 아니라(와이키키, 미나리, 도다리, 개구리 등의 발음) 두 눈이 양쪽으로 모이면서 주름이 생기고 두 뺨의 상반부가 들려지는 미소로, 얼굴 전체의 근육을 사용한다.

또한 팬 아메리칸 미소는 항공사 스튜어디스가 보여주는 가식적이며 대외적인 미소로서 인위적이기 때문에 입 주위 근육 이외에는 거의 사용하지 않는다.

학자들은 이 두 미소가 삶에 어떤 영향을 미치는지를 조사하였다. 학창시절 졸업 사진에서 '뒤셴 미소'를 짓고 있던 여학생들을 추적해서 조사했더니 그들은 대개 30년 동안 행복하게 결혼 생활을 유지함은 물론 개인적인 건강 상태도 더 좋았다고 한다. 이처럼 미소는 능동적이며 진솔된 참 미소가 습관화될 시 이미지 제고 차원을 넘어 개인의 행복까지도 윤택하게 함을 알 수 있다.

인간은 행복을 추구하며 산다. 그러므로 커뮤니케이션을 통하여 행복의 미소를 지으면서 타인으로부터 '가까이하기에 너무 먼 당신'이 아니라 '한 번 보고 두 번 보고 자꾸만 보고 싶은' 매장과 직원으로 거듭나야 한다. 따라서 행복은 남이 나에게 주는 것이 아니라, 행복의 파랑새는 자신의 마음속에 있음을 알고 미래의 행복을 위하여 변화의 여정을 떠나야 한다.

아울러 '미래의 나의 모습은 바로 현재 나의 표정에 좌우됨을 알아야 한다.' 다시 말해 미래에 좋은 일만 있기를 바란다면 지금부터 좋은 표정을 지어야 된다는 의미이다.

2) Angry(화)

일반적으로 화가 난 표정은 인상을 쓰기에,

－눈썹이 내려가 미간에 수직 주름이 나타난다.

－아래 눈꺼풀이 긴장되며 올라갈 수도 있고 그대로 있을 수도 있다.

－위 눈꺼풀이 긴장되며, 눈썹의 움직임에 따라 내려가거나 안 내려갈 수 있다.

－눈은 대상을 격하게 응시(째려보며)하고 입술은 서로 꽉 맞물리면서 입꼬리가 한일(－)자가 되거나 아래로 내려갈 수도 있고, 때에 따라 입이 벌어지면서 마치 소리를 치는 것처럼 네모난 입 모양이 될 수도 있다.

－조용히 무표정으로 있어도 화난 것으로 상대가 오해를 할 수도

있다. 저자는 결혼 후 신혼 때 대구에서 장모님이 서울로 올라오셨는데 직원 시험 때문에 공부를 하느라 무표정한 모습을 보고, 장모님 입장에서는 사위가 화가 난 줄 알고 그 다음 날 대구로 내려가신 웃지 못할 일화가 있다.

특히 동양 사람들은 입을 다물고 있으면 서양 사람들보다 입꼬리가 아래로 처져 있어(입꼬리 움직이는 근육) 상대로부터 오해를 살 소지가 있기에, 평소에 어금니를 꽉 물지 않도록 주의하여 입꼬리가 내려가지 않도록 해야 한다.

즉 표정 관리를 인위적으로 해야 되는 것이다.

한국은 입사 시험에 좋은 인상을 심어주기 위한 입꼬리 올리는 성형도 유행한다니, 이미지가 중요한 시대인 것만은 사실이다.

3) Surprised(놀라움)

일반적으로 놀라는 표정을 보고 '놀란 토끼눈'이라는 말을 하듯이

-눈썹이 곡선 모양을 이루고 있고, 높이 치켜 올라가 있으며 눈썹 아래쪽 피부가 잡아당겨져 있다.

-눈동자 위쪽이나 아래쪽에 흰자위가 보이기도 하며 때로는 입을 벌리기도 할 뿐만 아니라 심하게 놀라면 몸에 경련을 일으키기도 한다.

-턱은 벌어진 채 밑으로 처져 있다.

4) Fearful(두려움)

두려움을 느끼면 나타나는 표정은,

－눈썹이 올라가고 긴장되어 있으며 위 눈꺼풀이 올라가면서 흰 자위가 드러나고, 아래 눈꺼풀은 긴장되면서 달라붙어 있다.
－입이 벌어지고, 입술은 살짝 긴장된 채 뒤쪽으로 잡아당겨져 있다. 때로는 떨기도 한다.

사례 An Inform Action Films(2013.Canada)영상을 보면 1999년 12월 미국 세관 직원인 다이애나 딘은 LA 공항을 폭파하려던 밀레니엄 폭탄 테러범인 아흐 메드 레삼을 체포했는데, 페리에서 내리는 범인의 눈빛에서 수상함을 감지하고 수색 끝에 트렁크에서 폭탄을 발견했다.

그는 삼백안(눈의 좌우뿐 아니라 위와 아래 중 한 곳까지 합쳐 세 군데에 흰자위가 드러난다는 뜻) 소유자로서 도전적이고 반항적인 기질의 소유자에게도 나타날 수 있지만, 한편으론 두려움을 많이 느끼고 겁이 많은 소유자에게도 나타난다. 이런 눈을 보면 뇌는 불편함을 느끼고 삼백안을 가진 테러범의 눈에서 공포를 읽을 수 있었기에 체포할 수 있었다.

인간은 서로 표정을 간파하지 못하면 존재할 수 없으며 이는 일상적 사회적 교감의 능력이다. 교감은 사회적 행동에 반드시 필요할 뿐만 아니라 고객과의 행동 측면에서 중요한 부분이다.

5) Disgust(혐오)

혐오감은 무엇에 대하여 싫증을 느끼거나 진절머리가 날 때 나타나는 표정이며, 아주 불쾌하고 역겹거나 속이 뒤집어지는 상태로, 원인이 된 것과 되도록 거리를 두려고 하는 심리 상태이다. 예를 들면 최근 발생한 세월호 사건에서 어린 학생들을 구출하지 않고 나 홀로 탈출한 L선장과 승무원들의 비도덕적인 행위에 대하여 전 국민이 갖는 감정이라고 할 수 있다.

- 윗입술이 올라가거나, 아랫입술 역시 올라가면서 윗입술을 밀어 올린다. 또는 아랫입술이 밑으로 내려가면서 살짝 튀어나온다.
- 코에 주름이 생기거나 뺨이 올라간다.
- 아래 눈꺼풀 밑에 주름들이 생긴다. 눈꺼풀은 위로 올라가지만 긴장은 없다.
- 눈썹이 아래로 내려지고 위 눈꺼풀도 아래로 내려간다.

6) Sad(슬픔)

슬플 때 나타나는 표정은,

- 눈썹의 안쪽 모서리가 끌려 올라가며 눈두덩이가 삼각형 모양이 된다.
- 위 눈꺼풀 안쪽 모서리가 올라가며 입술 모서리가 아래로 내려가거나 입술이 떨린다.

이상으로 6가지 기본적인 감정에 나타나는 현상을 간략히 살펴보았다. 한국 사람들은 특히, 감정은 괜찮은데 표정에 나타나지 않는 경우가 다반사이기에 VCR 촬영을 통하여 자신의 현재 모습을 보면서 잘못된 표정 관리나 행동에 대하여 첨삭 지도를 통해 개선하고 지속적인 훈련을 함으로써 바람직한 자기의 상을 만들어 가야 한다.

미국에 처음 와서 아침에 산책한다고 걷다 보니, 백인들은 마주치는 순간 미소를 지으며 아침 인사를 했다. 처음에는 '이 친구들이 나를 알 리가 없는데.'라고 의구심을 가졌으나 그들의 문화인 걸로 이해하자 오해가 풀린 적이 있다. 이처럼 개인적이든 사회적이든 어떤 원인에 의해 감정과 표정이 올바르게 전달되지 않는 경우가 존재한다.

감정은 있는데 표정이 드러나지 않거나(포커페이스) 다른 표정으로 연결되기도 한다. 그러므로 지속적인 관찰을 통해 기본 표정 수준을 알아낸 뒤 표정과 대화, 맥락을 통해 감정의 상태와 참 표정과 거짓 표정을 판별하여 대처해야 할 것이다. 항상 웃는 얼굴로 상대를 대하라고 하지만 그건 잘못된 정보라고 생각된다. 웃긴 웃어야 하지만 때와 장소를 잘 가려야 하며, 가장 중요한 것은 상대방의 감정에 따라 그에 걸맞은 표정으로 전환해야 하는 것이다. 흔히 말하는 '눈치'가 이에 해당된다. 사람에게는 상대방의 감정을 읽고 공감하는 거울 신경이 존재한다. 이것이 활성화되어 겉으로 표현되어야 '상대방 측에서도 자신과 같은 감정을 느끼고 있구나.'라는 일종의 동질감을 느끼면서 더욱 마음이 잘 통한다는 생각을 갖게 될 것이다.

자신의 감정을 숨기고 마냥 웃기만 해서 진실한 인간 관계 형성에 실패하는 경우가 종종 있다. 상황의 맥락을 잘 이해하여 대처해야 할 것이다. (참고 : 언마스크. 얼굴 표정 읽는 기술)

바람직한 생활을 하기 위해서는 듣기 싫은 것에 대하여 이야기하지 말고, 이왕이면 듣기 좋은 것에 대해서만 이야기하는 습관을 가져야 한다. 미워하고 싫어하는 감정은 될 수 있는 대로 발산하지 않는 것이 자신의 건강을 위해서 유익한 일이다. 따라서 고객에게 사랑으로 표현된 감정만이 나와 조직을 윤택하게 만든다는 것을 기억해야 한다.

폴 에크만 박사는 말과 몸짓은 거짓을 말할 수 있지만, 표정은 거짓을 말할 수 없다고 강조한다. 즉 얼굴 표정은 인간의 감정을 드러내는 가장 정확한 신호라는 것이다. 그렇기 때문에 얼굴 표정을 읽는 능력을 갖추는 것은 상대방의 감정을 제대로 파악하고, 더 원활한 커뮤니케이션을 가능하게 해준다고 말한다. 이것이 프로 서비스인이 구비해야 할 역량이라 생각된다.

Role Playing Learning

■ Role Playing이란

수영하는 법을 이론적으로 아무리 많이 배워도, 실제로 수영장에서 해 보면 마음먹은 대로 잘 되지 않는 법이다. 이와 마찬가지로 고객 응대 시 해야 할 역할에 대하여 수시로 연습을 통하여 개인 및 집단의 능력 수준을 향상하기 위하여 실시하는 실습 훈련임과 동시에 문제 재발 방지를 위한 예방교육이다. 이 역할연기법은 서비스인의 기본 기능을 습관화시키는 데 가장 효과적이며, 고객에 대한 이해와 통찰력을 배양하여 상황에 따라 대처하는 능력을 향상시키는 데 적절한 방법이다. 따라서 프로 서비스인은 자발적이며 열정적으로 훈련에 참가함으로써 육성되는 것이다.

• RPL실시상 유의점

- 연습은 실전같이, 실전은 연습같이 하여, 현장에서 활용함은 물론 주기적으로 확인 점검을 통하여 Level Up 과정을 거쳐야 한다.
- R/P는 진지하며 냉철한 분석으로 엄정하게 실시한다.
- 기법 숙지가 목적이 아니라 현장의 생생한 감정, 태도, 표정, 말씨, 경청, 정성 등의 미세한 동작에도 주의를 기울여 실시한다.

-결과보다 과정을 중시하여 실시한다.

-평가는 연기자의 행동, 특히 언어 사용에 주안점을 두어 평가
하고 그 결과를 기준으로 첨삭 지도한다.

-연습은 현장에서 다빈도로 발생하는 상황별 시나리오를 작성
하여 실시하며, 연기자의 역할을 번갈아 가며 실시한다.(역지사
지를 통한 공감 형성)

-R/P의 연습 동작은 정확해야 하며, 항상 고객의 입장을 생각하
며 연습에 임해야 한다.

■ 기본 동작 연습

고객 응대 시 반복적으로 행동해야 하는 응대 용어, 인사나 컴플
레인 대처 요령에 대하여 연습한다.

• 고객 응대 용어

-고객님! 어서 오십시오.(30도 보통례)

-네. 잘 알겠습니다, 고객님!

-고객님! 죄송합니다만.

-고객님! 잠시만 기다려 주시겠습니까?

-고객님! 오래 기다렸습니다.

-고객님! 정말 감사합니다.(30도 보통례)

-고객님! 안녕히 가십시오.(30도 보통례)

−고객님! 또 뵙겠습니다.

• 인사는 서비스의 출발점이다

−Eye Contact : 눈을 마주치며 인사한다.

−Face to Face : 얼굴을 보며 몸은 정면으로 향한다.

−예의 바르고 진솔하며 정중하게.

−정성과 감사의 마음을 담아서.

−항상 밝고 상냥하게.

−진심을 담아서.

−반복적으로 요망 수준에 도달할 때까지 연습한다.

−VCR촬영을 통하여 보게 하고, 느끼게 하고, 평가하게 하고, 듣
 게 하여 미세한 동작까지도 교정한다.

1) 표정

웃는 얼굴, 밝고 우아한 미소.(눈과 입꼬리 표정)

프로 서비스인은 움직이는 현장의 서비스 메신저로서 역할을 수
행해야 하기에 3S가 습관화되어야 한다.

*** 3S의 습관화**

Smile : 미소를 머금고 / Sincerity : 진실되게 / Speed : 신속하게

2) 복장 및 용모

-단정하며 청결한 자세, 얼굴, 눈, 두발 상태, 입 냄새, 유니폼 청결, 스타킹 올, 구두 상태 등

-룰에 의한 복장 착용과 단정함을 유지

3) 사내/외 용어

-직원 간 호칭

　~00님, ~00씨, ~00선배님, ~00언니, ~00선생님 등

-고객에 대한 호칭

　~고객님, ~선생님, ~사모님

-존칭어 사용

-기본 인사말 연습

4) 화법

　현장에서 자주 발생되는 고객에 대한 화법을 연습하고 바른 자세를 위한 몸 동작을 연구하며, 목소리는 항상 정확하고 명랑하게 구사한다.

· Seven 화법

①질문 화법

상대방에 선택의 기회 제공과 생각할 여유를 준다. ···▶ ~라고 생

각합니다만, 그렇지 않습니까?

② YES, BUT 화법

상대방의 말을 일단 수긍하면서 다른 각도에서 이를 설득시키는 화법. ⋯▶ 예, 그렇습니다. 그러나 저희로서는~~

③ 유도 화법

상대방에 관한 화젯거리를 제공하고 칭찬과 질문을 섞어 가면서 대화를 진행하는 화법. ⋯▶ ~고객님, 옷차림이 멋지십니다.

④ 부정법

상대방의 말을 부정하는 방법은 좋지 않으나 필요시 사용해야 하는 화법. ⋯▶ 그것은 그렇지 않습니다.

⑤ 가정법

처음부터 '만약에'라는 가정으로부터 시작하는 화법이며, 다음에 사용되는 내용에 따라 화제 변화 및 상황 전환 등의 효과를 가져온다. ⋯▶ 만일 이 사고가 발생했다면.

⑥ 사례 화법

가정법과 유사하나, 사례를 들어 대화를 주도하는 방법으로 상대방에게 확신을 주는 효과가 있다. ⋯▶ 이럴 경우 저번에는 이렇게 보상해 드렸습니다.

⑦ 자료 이용법

시청각 자료를 이용하여 대화하는 화법.

백화점 Role Playing 평가표 ( )조		
평가항목	항목별 의견	점수
1. 표정 및 태도		
2. 인사 요령		
3. 상품제시		
4. 상품설명		
5. 결정		
6. 입금		
7. 포장, 대조, 인계, 전송		
8. 용어사용		
9. 분위기 조성		
10. 기타		
총 점	아주좋다, 조금좋다, 보통, 개선요망, 연습필요	

주) 각 항목당 10점 만점   평가조명:(   )조, (   )조

5

—

명품
서비스
벤치마킹

—

가만히 앉아서 정보를 얻을 수는 없다.
화제의 점포, 상품, 경영 방법 등을 주시하여
자기가 하고 있는 장사나 경영에
활용할 수 없는가를 연구하고
행동으로 옮기는 것이 중요하다.
−고바야시 마사히로−

명품 서비스 인증에 열광하다.

■ 서비스 전쟁의 승리자

매장은 상품을 팔아야 비지니스에서 성공할 수 있고, 개그 콘서트는 웃겨야 지속적으로 방영된다. 또한 고객은 감동을 받아서 가치를 느껴야 지갑이 열린다는 것이 사업의 진리다. 지구상에 많고 많은 업종과 업태는 하루가 멀다하고 오픈을 거듭하지만, 한편으로는 경쟁력이 떨어져 바람처럼 사라지는 운명에 처한 기업들도 많다. 여기에는 필수적으로 고객들의 선택이 작용되며, 고객들로부터 어떤 평가(등급)를 받았는지 여부가 좌우한다. 그래서 고객들은 '투표권을 가진 유권자'라고 하지 않는가?

오늘도 기업들은 고객들의 귀중한 한 표를 얻기 위하여 고객들의 바람을 알고 만족을 넘어 그들을 감동시키기 위해 차별화라는 무기를 가지고 표심 공략을 위해 질주하고 있다. 이에 세계적으로 식당의 名家(명가 : 이름이 알려진 유명한 집)들을 탐방하고, 명가가 되기 위한 평가 기준을 살펴보고, 이에 적합한 레스토랑을 선정하여 등급

을 부여함으로써 명가의 탄생을 알려주는 단체가 있다. 이 단체들
은 엄격한 과정을 통해 명가들을 선정하기 때문에 세계인의 관심
과 사랑을 받고 있으며, 미식 가이드의 바이블로 평가되고 있다.

세상은 넓고 레스토랑은 많은 시기에 만족스러운 레스토랑 선택
은 늘 고민스럽다. 이런 고민의 든든한 조언자가 바로 미슐랭가이
드(Michelin Guide)와 자갓 서베이(Zagat Survey)이다. 이 평가서에 등록된
레스토랑들은 즐거운 식사를 갈망하는 고객들이 기꺼이 줄을 서서
기다리고 있는 진풍경을 볼 수 있게 한다.

■ 미슐랭 가이드(Michelin Guide)

미슐랭 가이드(Michelin Guide : 이하 MG로 기술)는 매년 발간되는 레스
토랑 평가서로서, 레드북(Red Book : 이하 RB로 기술)과 그린북(Green Book
: 이하 GB로 기술)두 종류가 발간된다.

RB는 레스토랑을 소개하는 평가서이고 GB는 여행 정보를 담은
가이드북이다. 보통 '미슐랭 가이드'라고 하면 레스토랑 평가서인
RB를 의미한다.

그러면 이 평가서는 어떻게 해서 만들어졌는가?

• 탄생에 대하여

MG가 처음 발간된 것은1900년이었다. 프랑스의 타이어 제조 업
체인 미쉐린타이어 창업자 에드워드와 안드레 미슐랭 형제는 타

이어 판매가 신통치 않자, 여행을 통해 타이어를 닳게 하기 위해서
(?) 타이어 구매자인 운전자에게 여행에 필요한 식당과 숙소 정보
를 담은 '레드 가이드'란 제목의 책을 무료로 배포했다. MG가 선보
였던 시기에는 여행 여건이 열악(도로 사정. 여행 정보 등)하여 여행은 곧
'모험'을 떠나는 것과 같은 시절이었다.

초기의 레드가이드에 독자들이 가장 열광한 건 레스토랑 정보였
으며, 프랑스 전역에서 명가의 레스토랑을 찾아내고 소개하자 책
은 폭발적인 인기를 끌었다. 더불어 타이어 정보, 도로 법규, 자동
차 정비 요령, 숙박 업소나 주유소 위치 등이 포함되어 운전자들의
필수품이 되었다. 이에 미쉐린은 가이드북을 레스토랑 정보 쪽에
집중하며 1922년 책자를 유료로 전환했다.

• MG를 왜 신뢰하는가?

소셜네트워크서비스(SNS)와 인터넷에서 난무하고 있는 미식 정
보와 온라인 소셜미디어 마케팅(Social Media Marketing) 등 그야말로 정
보의 홍수 시대임에도 불구하고, 여전히 종이책 '미슐랭 가이드'는
세계 최고의 권위를 누리고 있다. 이런 권위는 과연 어디서 나오는
것일까?

왜 MG에 등재되는 순간 레스토랑에는 손님들이 몰려 들고, 부
여받은 별점(★★★) 평가가 세계 최고 수준의 레스토랑을 평가하는
지표가 되었을까? 이런 의문을 풀어 보기 위해 MG의 역사와 운영

방식 등을 알아보면, 소비자들의 깊은 신뢰와 별점의 권위를 알 수 있다.

• MG의 신뢰와 권위

MG의 시작은 식당 및 숙박 업소 등과 전혀 관계가 없는, 타이어 제조 회사가 순수하게 여행객을 위한 정보 제공을 목적으로 가이드북을 발간한 것이었다. 그로부터 100년이 넘은 이 시점에도 권위와 신뢰를 바탕으로 초심을 잃지 않으며 세계인에게 깊은 사랑을 받고 있다. 또한 별점 평가에 대한 공정성과 객관성을 확보하기 위한 방법을 끊임없이 연구하고 개발하여 결정한 평가 방식과 원칙을 철저하게 고수해 오고 있다.

• 언제부터 평가했는가?

MG의 평가는 1926년부터 시작하였으며, 별점의 대상은 유명 호텔의 레스토랑으로 한정하여 본격적인 레스토랑 평가서로 출발을 시작했다. 아울러 별점 평가에 대한 호응이 컸던 반면에 평가 방식이나 결과에 대한 논란이 일어났다. 이에 평가의 공정성과 신뢰를 담보할 필요성이 대두되자 1933년부터 전문 평가위원을 선정 하여 평가 대상 레스토랑을 Mystery Shopper(미스터리 쇼퍼 : 손님인 것처럼 가장하고 매장을 방문해 매장과 직원들의 서비스를 평가하는 사람을 지칭)를 통해 평가한 후 별점을 부여하기 시작하여 지금까지 지속되고 있다. 공정한 평가를 위한 평가 위원의 선정은 엄격하며, 평가단은 전문적인 지식과 경험을 지닌 미식가들로서 서류 심사와 몇 차례의 면접, 보고서 작성 등의 선발 과정을 거친다. 지원자 대부분이 호텔관광경영학 전공자나 셰프 출신들이다. 평가원으로 합격된 뒤에는 체계적인 교육을 받는다. 즉 레스토랑을 평가하고 점수를 부여하는 정확한 기준을 배우고 선배 평가원과 동행하며 6개월간의 훈련 기간을 거쳐야 위원으로 활동을 할 수 있다.

인터넷과 SNS 등의 매스미디어 발달로 정보의 질과 양이 홍수를 이루는 현재에는 특히 공정한 정보에 대한 소비자들의 욕구는 강렬해지고 있다. 특히 '평가의 공정성 확보'는 미식 평가서의 핵심이다. 미슐랭 가이드는 소수의 전문가를 선정해 '전문성'을 무기로 하여 세계적인 미식 가이드북의 양대 산맥으로 일컬어지는 미국의 '자갓 서베이'가 수천 명에 달하는 일반인으로 구성된 평가단의 평가를 종합해서 평점을 매기고 있는 것과는 정반대라고 할 수 있다.

전문가들은 MG의 평가 방식이 생겨난 것은 '음식 문화가 정착된 프랑스는 전문가 평가가 보편적인 합리성을 갖게 된 결과'라고 한다. 즉 음식 문화의 발달로 메뉴별로 궁극적으로 추구하는 맛 등이 표준화가 되어 전문가들이 음식 수준을 정확하게 감별할 수 있다는 것이다.

• 무엇을 평가하는가?

MG는 전 세계에 90여 명의 평가위원을 두고 있으며 평가 위원의 자격은 호텔과 외식산업에서 10여 년 이상 경험을 쌓은 전문가들 임과 더불어, 다양한 인종으로 구성된다. 이들의 신상은 철저하게 베일에 가려져 있다. 또한 같은 평가위원들 사이의 접촉도 엄격하게 금지되며, 위원들은 매년 같은 식당을 3~4차례 방문하고 주인이나 요리사가 눈치채지 않도록 여러 사람과 함께 방문해야 한다는 것이 원칙으로 되어 있다. 이들은 우선 한가한 평일에 음식 맛을 평가하고, 가장 바쁠 때 다시 서비스와 고객 만족도를 평가한다. 그리고 마지막으로 취재 중임을 밝히고 나서 주인과 요리사 인터뷰를 진행한다. 평가는 맛뿐 아니라 식재료의 질, 요리의 개성, 요리법과 양념의 완성도, 요리의 일관성, 가격과 요리의 적정성 여부(가치)를 두루 평가할 뿐만 아니라 식당 분위기와 직원들 서비스, 위생 청결 상태를 총망라하여 평가한다.

• 어떻게 평가되는가?

레스토랑 평가는 포크와 별점(★★★)으로 표시되며 포크의 숫자는 쾌적성을, 별점의 수는 음식 수준을 나타 낸다. 포크는 하나부터 다섯 개까지 5단계 평가로 구분되며, 포크 하나는 '적당히 쾌적함'을, 다섯 개의 포크는 '호화롭고 최고급'임을 의미한다. 별점의 평가 대상은 오직 음식뿐이며 식재료의 품질, 익혀진 상태, 맛과

향, 셰프의 특성이 반영됐는가의 여부, 가격 대비 품질, 그리고 품질의 일관성이 평가 항목이다.

별점 하나(★)는 '매우 좋은 품질의 요리를 제공하는 레스토랑'이라는 뜻이고, 별점 두 개(★★)는 '해당 지역을 방문할 시 가볼 만한 레스토랑'을 의미한다. 만점인 별 세 개(★★★)는 '요리를 맛보기 위해 여행을 떠나도 아깝지 않은 레스토랑'이라는 의미로 최상의 평가다. 이 같은 평가 기준은 23개국 MG에서 똑같이 엄격하게 적용되는데, 별 세 개의 만점(★★★)을 받은 레스토랑은 전체 가이드 시리즈를 통틀어 50여 개에 불과하다.

평가의 한 예를 보자면 접시와 식기의 세팅 상태, 요리가 나오는 데까지 걸리는 시간도 중요한 평가 항목이며, 음식을 체크할 때 가장 중요시하는 것은 사용된 재료들의 상태이다. 얼리거나 오래되지 않은 신선한 것인지를 평가할 뿐만 아니라, 사용되는 소스도 그날 아침에 만든 것인지 정확히 알아낼 정도로 엄격하다.

레스토랑에 대한 평가는 그 자체만으로 '권력'이다. 요즘 대가를 받고 인터넷 블로그나 페이스북 등 소셜 네트워크서비스(SNS)를 이용해 식당 등을 추천하는 이른 바 '바이럴 마케팅'이 극성인 시점에 100년 동안 이어온 MG는 신뢰와 공정성을 담보로 권위를 지키며 책자를 발간해 왔으므로, 여기에 등재된 레스토랑들은 서비스 명가로서 손색이 없는 품격을 유지하며 진정한 레스토랑 업계의 아이콘(ICON)이라 생각된다.

■ 자갓 서베이(Zagat Survey)

뉴욕 여행 시 자갓 서베이(Zagat Survey : 이하 ZS라 기술) 한 권만 있으면 관광에 실패할 일이 없다고 할 정도로 ZS는 여행자들의 필수 품목이 되어버렸다.

• 탄생

1979년 뉴욕 시 변호사였던 팀과 니나 자갓 부부가 사교모임 친구들을 대상으로 했던 〈자갓 서베이 : 뉴욕 시 식당 여론조사〉를 출간하여 지금까지 소비자들의 열렬한 환호 속에서 현재 진행 중이다.

자갓 부부는 둘 다 예일대 법과대학원 출신으로 뉴욕 상류층들을 위한 사교모임인 '뉴욕 와인 협회'를 주도해 왔으며 매번 좋은 레스토랑에서 음식과 와인을 맛보며 사교적인 대화를 즐기는 모임으로서, 회원들은 변호사, 의사, 교수, 예술가, 아트 딜러 등 다양한 직업을 가진 사람들로 구성되어 있다. 그 당시 좋은 레스토랑을 소개해주는 신문이나 잡지가 많았지만, 〈뉴욕타임스〉 등에서 소개하는 레스토랑 평가에 대해 못 마땅했을 뿐 아니라 뉴욕 시 여기저기에 숨어 있는 보석 같은 레스토랑을 발굴해 소개해주지 못함에 불만을 가지게 되었다. 이런 연유로 회원 20명이 레스토랑 소개를 직접 하기로 작정하고 각자가 음식에 전문가라고 생각하는 사람 10명씩을 추천한 200명이 레스토랑 평가를 시작하게 되었다. 그리고 평가한 결과를 소책자에 담아 1983년 처음 발행하여

1년에 한 번씩 주위 사람들에게 배포하자, 소책자의 인기가 날로
치솟기 시작했다.

처음에 평가자는 200명으로 출발했지만 3년 후에는 어느새 1만
명으로 늘어났다.

문제는 책자 발간 비용이 증가하자 부담을 느낀 자갓 부부가 출
간해줄 출판사를 물색했으나, 뉴욕 시에만 한정된 식당 평가서 발
간은 이윤이 남지 않는다며 퇴짜 (19번 퇴짜)를 맞게 되었다. 이에 자
갓부부는 직접 출판사를 설립해 포켓형 책을 발간하게 되었다.

• 어떻게 평가하는가?

ZS에서 매겨진 순위는 사람들의 입소문이 모여 하나의 순위로
매겨지는, 즉 '일반 사람들의 경험'에 의한 평가 산출물이다.

ZS의 모토는'소수의 훈련받은 전문가가 아닌 수천 명의 일반
인들의 평가가 더 믿을 만하다.'이다. 기존에 발간되는 전문 미식
가의 평가에 의존하는 프랑스 미슐랭(Michelin) 의 〈레드 가이드Red
Guide〉와는 다르게 일반 이용자들이 직접 경험한 결과를 다수 의
견으로 반영된 평가 방식이었다.

먼저 평가는 일반인 평가단에 의해 이뤄지며 평가를 받을 대상
레스토랑은 전문가 집단이 1차로 추린다. 전문가 집단은 특파원 개
념의 자갓 서베이 로컬 에디터와 해당 국가에 거주하고 있는 음식
평론가, 레스토랑 컨설턴트, 교수들로 구성된다. 이들은 자갓 서

베이의 기준에 걸맞고 좋은 평가를 받을 만한 곳을 평가 대상으로 선정한다.

초창기 인터넷이 없던 시절, 자갓 서베이를 하는 사람들에게는 일반 식당에 대한 여러 대중의 의견을 듣는 것이 가장 어려운 일이었지만 지금은 시간과 공간을 초월한 인터넷이 생기면서 의견 수렴이 훨씬 쉬워졌고, 특정 식당에 대해 보다 더 세심한 등급이 매겨지고, 등록된 식당 수도 증가함과 더불어, 숨어 있던 식당이 더 많이 알려지고 있다.

• 무엇을 평가하는가?

평가 대상의 조건은 비즈니스 중심지와 대단위 거주 지역에 위치하면서 웨이터의 풀 서비스가 제공되는 레스토랑이어야 하며, 그 도시의 문화와 특색이 반영되고 폭넓은 가격대의 요리를 내야 한다. 따라서 프랜차이즈와 테이크아웃 레스토랑은 제외된다.

선정된 레스토랑에 대한 일반인 평가단의 평가는 자갓 서베이 홈페이지(www.zagat.com)를 통해 진행되며, 직접 해당 레스토랑을 방문한 경험이 있는 일반인들이 자율적으로 참여한다.

식당을 평가하는 방법은 네 가지 항목(TSCD)으로 이뤄지며 음식 맛(Taste), 서비스(Service), 메뉴 가격(Cost), 실내 디자인(Decoration) 등에 대해 1점에서 30점까지 점수를 매기고, 이에 대한 평균 점수가 평가 결과가 된다. 아울러 음료와 팁을 포함한 1인당 식사 비용으로 적정한 가격을 매기고 400자 이내의 코멘트도 덧붙인다.

　이런 과정을 통하여 레스토랑 평가에서 폭발적인 인기를 얻은 자 갓은 평가 대상을 빠르게 넓혀, 레스토랑 외에도 호텔, 리조트, 스 파, 고급 상점, 나이트 라이프, 골프 코스, 영화, 극장 그리고 음반 까지도 평가 대상으로 만들었다. 대상 지역 또한 늘어나 미국 내 주요 도시 외에도 전 세계 100여 개 도시로 확장되었다. 평가 대상 의 확대로 평가자의 숫자도 지금에 이르러서는 50만 명 이상으로 추정된다.

　맛과 품격의 대명사로 인정받으면서 식당뿐만이 아니라, 일부 인터넷 기업들도 카메라, 자동차, 가정용품 등 온갖 종류의 제품으 로 '자갓 서베이'에 등재되기 위해(등재는 곧 명가 탄생이며 대박의 지름길) 몸 부림치고 있다.

굿모닝 서비스의 천사들

1970년대 고등학교 시절, 아침 등굣길에 만나는 노란색 유니폼을 입은 상냥한 '야쿠르트 아줌마'들의 미소 띤 모습이 40여 년이 지난 지금도 생생히 기억난다.

그 당시 아침에 눈뜨면 엄마가 건네주는 달콤한 '야쿠르트'를 먹으며 하루를 시작했으며, 80년대에 들어 직장에 다닐 때는 출근하자마자 가장 먼저 책상 위에 배달된 유산균을 마신 기억이 있다. 지금도 마트에 가서 추억의 '야쿠르트'를 보면 노란 유니폼의 그분들이 생각나 추억에 잠기곤 한다.

그때 노란 칼라의 아줌마들을 만날 때마다 밝고 명랑하게 인사를 건네던 모습을 상기해 보면 진정한 프로 서비스인이 아닌가 생각된다.

1971년 27명으로 시작한 '야쿠르트 아줌마'는 현재 1만 3000여 명에 이르는 전국 최강의 판매 조직으로 성장했다니 축하를 해줄 만도 하다.

조직 구성은 전국을 13,000개로 시장을 세분화하여, 시장 1개를 1인이 담당한다. 시장 1개의 규모는 4,000 명의 잠재 고객과 고정 고객 160명을 담당할 정도로 조직적이고 체계적으로 운영되고 있다고 한다.

또한 고객 관리는 크게 2가지로 구분된다. 첫째는 고정 고객 관리로서 항상 안부를 물으며 제품을 전달하는 것이 주 임무이며, 둘째로 잠재고객 발굴을 위하여, 얼굴 익히기 및 인사하기를 통해 친해진 후 건강 대화로 서로 교감을 나눈다. 그 후 고객에 맞는 맞춤형 제품을 추천하여 사용케 함으로써 고정 고객으로 발전되도록 지극정성으로 서비스 하는 것이다. 또한 성과에 따른 인센티브 제공으로, 노력한 만큼 보상이 확실히 보장된다는 것이 발전의 기폭제로 작용되었다.

그러면 그들의 성장 비화는 무엇일까?

바로 차별화된 핵심 역량이라고 할 수 있다. 핵심 역량(Core Competence)은 기업의 여러 자원이나 능력 가운데 지속적인 경쟁 우위의 원천이 되는 것을 의미하며, 경쟁 기업보다 확실히 차별화된 것이다.

할인마트, 편의점, 동네 가게 같은 여러 유통 채널 속에서 인건비의 부담을 겪으면서도 방판(방문판매) 조직이 생존한 이유는 건강에 대한 아줌마들의 서비스를 통해 소비자들에게 다른 채널이 갖지 못한 차별화된 실질적인 가치를 제공한 것, 즉 핵심 역량의 결과라 볼 수 있다. 이것은 지출된 금액 대비 제공받은 가치에 만족한 고객들은 기꺼이 지출을 결정한다는 것이다.

요즘 같은 다이어트 열풍 시대는 아침을 안 먹기도 하지만, 조금 출출할 시에는 '야쿠르트 아줌마'가 출근 시간에 맞춰 책상 위에 올려놓은 유산균 제품을 떠먹거나 마시며 출출함을 달랠 수 있는 것은 다른 유통채널에서 받기 힘든 서비스가 아닌가?

'노란 옷, 노란 모자'의 심볼인 '야쿠르트 아줌마'의 외양은 누구나 쉽게 따라할 수 있지만 그들이 40년 동안 쌓아온 끈끈한 고객 관리는 하루아침에 따라잡을 수는 없을 것이다.

어린 시절, 소비자가 어른이 되어 단골고객이 되는 과정을 반복함으로써 대를 이은 충성 고객 관계로 발전하게 된 것이다.

동네와 빌딩 숲을 오가며 닦아온 그들의 생활 밀착 영업의 지속적인 전개로 이제 '야쿠르트 아줌마'는 단순한 판매원이나 배달원의 의미를 넘어섰다. 또한 이들은 전국을 주름잡는 '걸어 다니는 홍보우먼'이며 '살아 움직이는 광고판'으로, 또는 '신제품 구전 마케터'로서의 역할을 톡톡히 해내며, 서비스 최전선의 전사로서의 위치를 확고히 할 것으로 생각된다.

또한 '야쿠르트 아줌마'가 아닌. '야쿠루트 여사' 및 '마케팅 프로'로서 칭송받을 만큼 서비스의 롤모델로서 길이 기억될 것이다. 아울러 우리의 또 다른 이웃으로서 활기차게 아침을 여는 '굿모닝 헬스서비스 천사로서의 역할'을 성실히 수행할 것이다.

그들의 입사 자격 요건 중 하나가 '열정과 미소로 고객 1명의 소중함을 아시는 주부님을 기다리고 있습니다.' 이듯이 그들의 열정과 미소가 지속되는 한 신화는 계속되리라 본다.

필자가 겪은 최고의 서비스에 대한 증언이야말로 가장 효과적인 광고이다. 그들은 기대 이상의 서비스를 의무가 아닌 영광으로 여기며, 철저히 주인의식을 가지는 것이 진정한 프로로서의 위풍당당한 모습이 아닌가 생각된다.

비전이 없는 직장은 사람들이 떠나지만, 그들은 스스로의 비전을 달성하는 성취감으로 오늘도 천사의 미소로서 온누리를 활기차게 활보한다.

지금 저자는 미국 땅에 있기 때문에 천사들의 상냥한 인사말이 깃든 서비스는 받을 수 없지만 45년 전의 추억을 그리면서 고향의 '야쿠르트'를 마신다.

천사들이여! 영원히 1인 마케팅의 선구자로서 위치를 굳건히 하기를 기대한다. 오늘도 '파이팅! 파이팅!' 하면서 하루 하루를 유쾌, 통쾌, 상쾌한 모습으로 상냥한 행복의 미소를 기대한다. 더불어 우리의 아침을 상큼하며 건강하게 열어 줄 거리의 건강 도우미로서의 역활을 성실히 수행해 주기를 먼 이국 땅에서 바란다.

단골손님 만들기

■ 단골손님

개미는 부지런함의 상징이다. 그런 개미도 관찰해 보면 모두 열심히 일하는 건 아니다. 20%만 일하고 80%는 빈둥대며 논다. 빈둥대며 노는 개미 80%를 분리하여 관찰해 보면 그중 20%는 열심히 일하고 또 80%는 빈둥댄다고 한다. 이는 이탈리아 경제학자가 주장한 '파레토 법칙'인 '20 대 80 원칙'으로 설명할 수 있다.

즉, 20%의 원인이 80%의 결과를 좌우한다는 것이다. 시장 경제학에서 고객의 20% 상위 고객이 매출 80%를 점유한다는 논리이다. 따라서 상위 20%인 단골손님의 성향을 분석하여 적절히 대응한다면 매출 증대를 통한 이익 향상에 이바지한다는 것이다. 예를 들면 VVIP 고객 관리, 신용카드사의 골드 카드와 플래티넘 카드, 항공 회사의 VIP 관리 등 유통 현장에서 폭넓게 사용되고 있다. 다시 말해 단골손님 20% 관리 여부에 따라 사업의 명운이 좌우되므로, 선택을 통한 집중 관리가 중요함을 일깨워 주는 것이다.

• 단골손님이란 무엇인가?

단골이란 특정한 가게나 거래처 따위를 정해놓고 늘 찾아오거나 거래하는 사람, 즉 로열층 고객을 말한다.

대중가수 故(고) 조미미 씨가 부른 '단골손님'이라는 노래의 가사이다.

『오실 땐 단골손님, 안 오실 땐 남인데
무엇이 안타까워 기다려지나.
달콤한 그 말씀도, 달콤한 그 말씀도
오실 때는 좋았지만,
안 오시면 외로워지는
안 오시면 외로워지는
아~ 아~ 단골손님~. 그리워라~ 단골손님.』

위의 노랫말과 같이, 올 때는 매출도 오르고 기분도 좋아지나, 안 오면 그리워지고 외로워지는 손님이 바로 단골손님이다. 평소에 단골에게 어떠한 가치와 감동을 주는지에 따라 일회성 고객으로 그칠 것인지, 아니면 영원한 고객으로 남을 것인지가 결정된다. 따라서 '고객과 첫 인연을 어떻게 맺고, 향후 어떻게 관리하느냐가 단골 유지의 핵심이다.'라고 생각된다.

• 단골을 어떻게 확보하고 관리할 것인가?

우선 한 번 온 손님을 기억하고(얼굴, 이름, 취향 등) 칭찬거리를 만들어야 한다. 칭찬은 항상 인정받고 싶어하는 고객을 춤추게 하는 환각제이다. 다시 말해 손님의 복장, 헤어스타일, 화장, 목소리, 매

너, 표정 등을 양념 삼아 방문 시마다 칭찬이나 센스 있는 멘트를
함으로써 훈훈한 관계를 만드는 것이 단골 만들기의 첫 걸음이다.
이것이 바로 비금전적인 프로모션이다.

그다음이 '~거리 이벤트'이다. 그 매장을 방문하면 우울했던 기
분이 '뻥' 뚫리는 재밋거리를 제공할 줄 알아야 한다. 예를 들면 생
일자 경품, 오늘의 00번째 손님 가격 할인이나 경품 제공, 시식 행
위, 경매 세일, 깜짝 서비스, 한정 판매 등 다양한 '~거리'를 통해
감동을 제공해야 한다.

저자는 가끔 전화로 식사 주문을 한다. 그런데 어느 가게는 전화
할 때마다 집주소를 알려줘야 하는 반면, D치킨은 전화를 하면 주
소가 입력되어 있어서 주소 확인만 하고 배달해 준다. 독자분이라
면 어디에 주문하겠는가? 누구나 후자의 가게를 이용할 것이다.
이것이 고객의 심리이며, 고객이 이런 단순한 것에 감동받는 존재
임을 알아야 한다. 아울러 가끔 이용하는 콜택시도 전화할 때마다
주소를 묻는 회사도 있는가 하면, 지금 이용하는 A콜택시는 주소
가 입력되어 있어서 편리한 데다가 나를 기억해 주는 기분에 이용
한다. 이렇게 우리는 생활 속에서 감동을 받은 업소를 타인에게 입
소문을 내어 손님을 끌어모아 주는 걸어 다니는 홍보맨이 된다. 단
골 확보를 위해서는 오늘 오는 손님 한 사람, 한 사람에게 관심과
배려의 서비스 씨앗을 뿌려 지극정성으로 관리하면, 결국 수확의
열매는 단골손님 확보로 보답한다는 자명한 법칙을 알고 실천해야

한다.

손님의 취향은 천차만별이며, 감정의 동물인 인간의 취향도 마음의 기상도에 따라 변화무쌍하기에 그때그때 적절한 감정의 높이에 맞는 맞춤 서비스로 대응할 줄 아는 센스 만점의 서비스가 필요한 것이다.

필자가 잘 아는 지인 중에 뉴저지 리지우드에서 플라워숍을 운영하는 Mrs 주 여사라는 분이 있다.

이 꽃가게는 다른 숍처럼 경조사 및 생일이나 파티용을 포함한 기타 여러 용도의 꽃들을 취급하고 있다. 그런데 다른 숍보다 주류의 상류층 고객이 특히 많은 이유는 주 여사의 깔끔하고 정성스러운 서비스와 진심으로 고객을 배려하는 마음씨가 인종과 문화를 초월하여 감동을 준 결과이다. 그 덕에 고객들이 단골이 되어 끈끈한 유대 관계로 발전되어 있다. 아울러 나날이 발전하는 모습을 보니 '진심 어린 고객 섬김은 단골이 되어 보답함'을 일깨워 주는 사례라 할 수 있다.

다른 예로서 뉴저지 포트리에서 헤어숍을 운영하는 Mrs 김 여사는 30년 동안 한곳에서 사업을 하면서 알게 된 고객들과 서로의 가정사에 대한 이야기는 물론, 서로 외식을 함께하는 사이로 발전하였다. 더불어 그들과는 희로애락을 공감할 관계로 발전되어, 패밀리라 할 정도로 친근한 사이가 된 것이다.

위의 사례를 보더라도 고객은 자기를 진심으로 알아주고 대우해

주는 가게에 대하여 '단골손님'이라는 선물을 주며 반드시 의리를 지킨다는 교훈을 보여준다. 비즈니스의 참 목적은 고객을 발견하고 그들과의 관계를 영원히 유지시키는 것에 있다는 것을 알 수 있다. 그러하기에 그들은 오늘도 고객들을 살갑게 맞이하고 마음으로 헤아리며, 아름다움과 우아함을 선물하면서 충성스러운 관계를 차곡차곡 쌓아가고 있다. 이에 고객들은 서비스 경험의 최종 결과인 좋은 느낌에 대해 박수를 보내면서 말이다.

고객의 감정은 언제나 이성을 앞서는 경향이 있으므로 고객의 감정에 충실하게 행동하는 것이 단골화의 기본이다. 아울러 진심 어린 애정으로 표현된 감정이 쌓여 고객 관계 관리에 좋은 환경을 만들어 준다는 것을 기억해야 한다.

■ 인정받고 싶은 욕구

인간은 누구나 남보다 더 인정받고 싶은 욕구를 삶의 동기로 삼아 살아가고 있다. 태어나서 학창 시절에 공부를 통해 부모님이나 선생님께 인정을 받아야 하며, 졸업 후 입사 경쟁에서 회사로부터 인정을 받아 입사를 하고, 입사 후에는 상사로부터 인정을 받아야 승진할 수 있다. 결혼하기 위해서는 상대편으로부터 인정을 받아야 하고, 결혼 후에는 시댁이나 처가로부터, 그외 형제들이나 친구들이나 이웃들에게, 아울러 이 세상을 떠나는 순간까지 관계하는 주변 사람으로부터 일정 수준의 인정을 받아야 제대로 된 삶을 살았다고 하는 '인정 경쟁 시대'를 살아가고 있다고 해도 과언이 아니다. 한 마디로 '인정 중독'에 가까울 정도로 타인의 시선과 감정에 지나치게 민감하게 반응해 그들의 인정을 받아야 존재하는 것이다. 단골손님도 결국은 그들이 원하는 Needs(니즈)와 Wants(원츠)에 맞지 않거나 한 순간의 실수가 빌미가 되어 오늘의 단골이 내일의 뜨내기 손님이 되는 것이 격한 서비스 경쟁시대의 원칙이 되었다. 따라서 경쟁이 심화될수록 경쟁의 수준은 점점 고도화될 뿐만 아니라 항상 좋은 표정과 웃는 얼굴, 그리고 상냥한 말씨를 통하여 방문하신 손님에게 오늘도 인정받아야 하는 것이 엄연한 현실이 되어버렸다.

따라서 서비스 현장의 모든 서비스인들은 손님이 좋아하는 삶을 살아가면서 생존을 도모하는 숙명에 처해 있는 것이다.

■ 고객에게 꽂히는 말을 해라

매장에서 컴플레인이 발생한 후, 해당 직원에게 물어보면 '내 딴에는 좋은 의도로 말했는데 상대가 그렇게 받아들이지 않아서 당황했어요.'라는 얘기를 듣곤 한다. 여러분도 생활 중 이런 황당한 경험이 있을 것이다. 이유는 상대의 마음을 울리는 소통을 하지 않았기 때문이다. 커뮤니케이션 분야의 최고 전문가인 코니 디켄은 "소통의 대가들은 가장 먼저 '꽂히는 말'로 상대방의 관심을 끈다."라고 말한다. 꽂히는 말을 하기 위해서는 첫째, 상대의 관심을 사로잡는 말로 시작하여 상대가 듣고 싶어할 말을 한다. 즉 고객의 감정 기상도에 따른 표정을 보고 멘트를 던질 줄 알아야 한다. 그러기 위해서는 고객을 나름대로 연구하는 자세가 필요하다.

전 미국 대통령 링컨은 "나는 말하기 전 시간의 3분의 1을 무슨 말을 할까 고민하는 데 쓰고, 3분의 2를 상대가 무슨 말을 듣고 싶어할까를 고민하는 데 쓴다."라고 말했듯이 특히 프로 서비스인들은 감각적으로 상황에 따라 행동할 줄 아는 재치를 가져야 한다.

둘째, 상대방이 공감하도록 말하라. 즉 이심전심이 되어 상대방의 말을 적극적으로 경청하고 상대방의 마음을 배려하는 태도가 필요하다. 즉 무엇을 말하느냐보다 무엇을 듣느냐가 더 중요하므로, 듣는 사람의 눈으로 세상을 보고, 그들이 마음속 가장 깊은 곳에서 무엇을 생각하고 느끼는지 살펴보고 통찰하는 것이다.

때에 따라서 '막히는 말'이 있고 '먹히는 말'이 있다. 멋지고 아무리 좋은 말도 상대방이 공감하지 못하고 마음을 열지 않으면 '막히는 말'이 된다. 반면에 단숨에 꽂히는 말이 '먹히는 말'이다. 이를 위해서는 대화 순간에 상대가 내 말을 어떻게 듣고, 어떻게 생각할지를 고려하면서 말해야 한다.

셋째, 有言實行(유언실행) 즉 말한 대로 행동한다.

고객에게 하겠다고 한 말은 더 이상 '내 말'이 아니고 '상대의 말'이기에 반드시 실행해야 신뢰를 쌓을 수 있다. 따라서 '막히는 말'이 아닌 고객에게 '먹히는 말'을 하기 위해서는 '무엇을 말할 것인가'보다 '상대방이 무엇을 듣고 싶어할까'를 생각하여 대화하는 스킬이 필요하다. 이러한 서비스에 대한 지식이 지혜로 발전하고 지혜가 행동으로 이어질 때 서비스의 품격이 형성됨을 알아야 한다.

따라서 고객이 왜 당신의 매장을 방문하고 상품 구매를 하는지에 대하여 자신 있게 대답할 수 있어야 한다.

스시의 명가

■ 오노 지로(小野二郎:JIRO)

세계적으로 50,000개 이상의 매장을 형성하며 사랑을 받고 있는 스시는 일본에서 1,200년 전부터 전래되었으며, 원조격인 후나스시(삭힌 스시 : 붕어 배 속에 쌀을 넣어 삭힌 스시)로부터 출발해 잘 알려진 도쿄스시(니기리 스시 : 니기리란 '손으로 쥔다는 뜻'으로 손의 압력을 조절하여 손으로 쥐어서 만든 초밥)와 오사카 지방에서 만든 하코스시(상자라는 틀 속에 생선 재료와 밥을 넣어서 누른 스시)로 구분된다.

맛의 도시, 도쿄 스시 거리의 스시는 평일에는 1시간 줄을 서서 기다리고, 주말은 3시간씩 기다리면서도 먹는 인기 있는 전통 음식이다. 특히 일본인들의 참치 사랑으로, 연간 50만 톤의 세계 참치 소비 중 80%인 40만 톤을 그들이 소비한다니 대단한 참치사랑이라 할 만하지 않는가?

오죽하면 환경 단체에서도 참치 보호를 위해서 세계가 떠들썩할 정도로 난리통이니 말이다.

스시는 장인의 손끝에서 빚어져 입안에서 녹아 없어지는 '3초의 美學(미학)'이라 표현되며, 오묘한 미각의 세계를 느끼게 하는 스시의 1인자로 미슐랭이 인정한 장인이 바로 '오노 지로(JIRO)'이다. 그는 도쿄 긴자에서 '스키야바시 지로'라는 스시집을 운영하고 있으

며, 아베 총리가 '초밥 외교'로 오바마 대통령을 초대해 세계인에
알려진 식당이기도 하다.

일본 초밥 명장이자, 일본 초밥의 살아 있는 역사로서 미슐랭 가
이드가 선정한 3스타(★★★) 식당 중 최장수 요리사(89세)로 기네스북
에 등재되어 있다.

• 지로의 경영 철학

'내가 먹고 만족을 하지 않는다면 손님에게 낼 수 없다'는 철학과
'장인은 돈 생각을 해서는 안 된다. 오직 자기의 기량을 시험하면서
어떻게 하면 손님들이 좋아하는지를 고민하는 것이 장인 정신이
다.'라는 생각을 가지고 있다.

그는 끝없이 '어제보다 더 좋은 맛을 창조'하기 위하여 열정을 불
사르고 있다. 최고를 향한 그의 열정은 계절별 최고의 생선을 고르
는데서 시작하여 완벽에 가까울 정도로 한 치의 실수도 용납하지
않으며, 단 한 점의 초밥을 위해 명성에 안주하지 않고 더 나은 맛
을 찾기 위해 노력하는 모습에서 장인의 신념을 발견한다.

• 가게 운영상 특징

1) 에도시대(江戸 : 강호1603~1867년)의 방법을 고수하며 '독특한 방
   법, 독특한 맛 창조'를 위한 차별화를 도모한다.

   예) 김 굽기도 숯불로 하며 '편리함보다 맛을 우선시'하기 때문이다.

2) 완전 예약제이며 1~2달 전 예약해야 한다.

3) 점심, 저녁 2번 영업하며 술은 팔지 않는다.

　 -술과 에피타이저는 없으며, ONLY 스시만 취급한다. 이유는 제대로 된 식사 체험과 순수한 스시 맛을 즐기게 하기 위함이다.

4) 좌석은 세프 앞 Bar의 10개이나 다 채우지 않는다. 이유는 손님이 불편할 것 같아 배려하기 위함이다.

5) 비싸지만 가치를 느끼는 식당이다.

　 -가격은 3만¥~10만¥ (한화 30~130만 원)이며 세계에서 가장 비싼 스시

　 -가격은 식재료 시세에 따라 연동하며, 빨리 먹는 손님은 15분이 소요된다.

6) 테이블은 놓지 않는다. 이유는 '나의 눈길이 가지 않는 곳의 손님을 서비스 할 수 없기 때문이다.'

7) 최고의 재료만 선택한다.

　 예)맛있는 김은 6가지 조건이 충족되어야 한다. 맛, 향기, 색, 윤택, 입에 넣었을 때 녹아서 금방 사라지는 느낌, 얇은 정도 등을 고려한다.

8) 지속적인 장인의 역량을 강화한다.

　 -완전한 초밥을 위한 재료 선별 능력(숙성 정도, 재료 특성, 선도 등)

　 -초밥의 맛은 4:6이다. 생선 40%, 쌀 60%가 좌우

9) 철저한 사명감으로 무장되어 있다.

   –'우리 집 최고의 맛을 손님에게 드리는 것이 우리의 사명이다.

   –운영 원칙은 '좋으면 내놓고, 나쁘면 버린다. 버리지 않으면 손님은 절대 오지 않는다.'

10) 손님의 디테일한 동작을 관찰하고 대응한다.

   –왼손잡이인 손님이 오면 왼손으로 집기 쉽도록 스시를 내놓는다.

   –좌석 배치도 남·여를 고려하여 배치한다

   –손님이 지로를 보는 것보다 지로가 손님을 훨씬 자세히 본다.

   –성별에 따라 스시를 다른 크기로 만들어 동시에 식사를 마치게 배려한다. 이유는 똑같이 만들면 식사의 속도를 맞출 수 없기 때문에 여성용은 작게 만든다.(맞춤 서비스)

11) 철저히 자기 관리를 한다.

   –외출 시 장갑을 껴서 손을 보호한다.(상처 방지)

   –미각 유지를 위해 커피, 담배 금지(식감이 생명)

   –자기 비판적인 주방장으로 자신에 엄격하며, 자기 수양을 위한 기준을 정해놓고 있다.

   – 오직 고객을 위한 'Better Way'만 생각한다. 절대 현재에 만족하지 않으며 더 좋은 스시를 만들고 기술을 연마하기 위해 노력한다.

12) 신뢰가 생명이다.

　－손님이 보지 않는 곳에서 더욱 철저히 재료를 준비한다.

　－매일 식재료를 시식하고 평가하고 조치한다.

13) JIT(Just In Time)식 손님 서비스

　－필요한 것을, 필요한 때에, 필요한 만큼의 원칙을 준수

　－밥이 식기 전 30분 내 초밥 만들기(골든 타임)

　－식재료는 선도 유지를 위해 손님 도착 30분 전 준비

　－손님이 먹는 속도에 맞게 초밥 내놓기

　－스시는 만들어서 금방 먹어야 한다.

14) 솔선수범의 자세

　－자식에게 몸으로서 보여준다.(나를 따르라)

　－초밥의 하루는 축복이라는 긍정적인 자세로 출발

15) 앞서려면 차별화하라

　－'다른 사람보다 앞서려면 차별화된 일을 해야 하며, 항상 열
　　정을 가져야 한다.'

　－스시의 장인들이 스시의 역사가 너무 오래돼서 새로운 것이
　　더 나올 수 없다고 한다. 하지만 기술은 통달했을지 모르지
　　만 개선의 여지는 무궁무진하다고 생각한다.

　－이전에 존재하지 않았던 스시를 만든다는 자세로 임한다.

16) 직업인의 자세와 신념을 가지고 있다.

−꿈에서도 스시의 꿈을 꾼다. 이렇듯 한번 직업을 결정하면 일과 사랑에 빠져야 하며 절대 불평해서는 안 될 뿐만 아니라 매일 황홀함을 느끼면서 일한다.

−후계자에게 '너는 이제 돌아갈 집이 없다. 여기서 뼈를 묻어라.'라고 훈계한다. (All in : 끝장 사고)

−최고의 장인이 되기 위해 인생을 바쳐야 한다. 그것이 성공의 비밀이며, 명예롭게 사는 비결이다.

−사용하는 기술은 큰 비밀이 아니다. 단지 노력하는 것이며 매일 같은 일을 반복하는 것이다.

−좋은 참치를 가지고 있으면 기분이 좋아진다.

−스시를 만들 때면 성취감을 느낀다. 그것이 내가 사는 방식이며, 죽을 때까지 최고의 생선과 일하고 싶다.

−항상 전보다 더 좋아야 하기에 준비하는 동안 맛을 본다.

17) 훌륭한 요리사의 5가지 조건

첫째, 항상 신중하라.

둘째, 항상 최고의 수준으로 요리하라.

셋째, 항상 기술 향상에 노력한다.

넷째, 항상 청결해야 한다.

다섯째, 항상 팀원 간의 조화로 팀워크를 강화한다.

18) 3現(현)에 입각해서 첨삭 지도를 철저히 한다.

-3현 : 현장에서, 현물을 보고, 현실적으로 지도한다.

-모든 문하생들은 지로를 만족시키기 위해 일하며 모든 문제
는 지로의 승인을 받아야 한다.

-맛있는 음식을 만들려면 맛있는 음식을 먹어야 한다.

-재료가 좋아야 되고, 좋고 나쁨이 구별되는 미각을 개발해야
된다.

-좋은 입맛 없이는 좋은 음식을 만들 수 없다.

-미각이 손님보다 떨어진다면 그들을 감동시킬 수 없다.

19) 완벽주의자이며 한번 고객은 영원한 고객이다.

-미슐랭 조사관은 '지로의 식당에서 몇 번을 먹더라도 그곳의
스시 맛에 놀라게 된다. 그러므로 별 3개 등급은 적절하다고
본다.'라고 했다.

-방문한 손님들은 실망한 적이 한 번도 없다고 할 정도로 만
족하며 그들은 '짧은 순간의 기적'이라고 표현한다.

20) 스토리가 있는 메뉴로 손님맞이에 철저하다.

-맛의 균형을 통해 우마미(우마味 : 입맛을 돋구는 향긋한 맛)를 만든
다. 즉, 우마미는 좋은 맥주를 마시면서 '캬' 하고 외치는 것
을 의미한다.

-좋은 스시는 밥과 생선 사이의 균형을 만들어야 한다. 둘이
완벽하게 조화롭지 못하면 스시는 맛이 없다.

　－일본 요리는 음식이 제공되는 과정에 있다. 더 강한 맛의 요
　리가 나중에 나온다.
　－메뉴에 썰물과 밀물이 있다. 지로는 10년 동안 이 개념을 어
　떻게 적용할까를 고민했다.
　－모든 생선 중에서 가장 좋은 생선 고르기로 그날의 코스 메
　뉴로 선정한다.
　－코스는 3개의 무브망(협주곡의 한 부분)으로 구분되며 협주곡 같
　은 감동 서비스를 제공한다.
　　①무브망: 참치나 전어 같은 고전적인 생선
　　②무브망: 그날 잡은 신선한 생선
　　③무브망: 전통적인 마무리
　　예) 바닷장어, 칸표(박오가리), 그리고 구운 계란 등
　－스시가 내어지는 방법에 강약이 있으며 씹을 때마다 음악처
　럼 지로의 철학을 먹는 것이다. (참조 : Jiro Dreams of Sushi)

　위에서 설명한 식당 운영상의 20가지 특징을 살펴보면 명가로서
지로가 '손님의, 손님을 위한, 손님에 의한' 서비스를 위해 작은 것
까지도 배려하는 모습을 알 수 있다. 손님들은 비싼 가격보다 오묘
하며 깊은 맛과 사려 깊은 배려에 감동을 느끼며 내어지는 스시 한
조각에서 펼쳐지는 맛의 향연을 느끼기 위해 과감히 지갑을 여는
것이다.
　명가는 인생을 걸고 오직 최고를 위해 겸손하며, 도전하는 장인

들의 정신에 의해서 탄생되는 좋은 사례임을 보여 주는 것이다. 아울러 명가 탄생은 명품 직원의 성실한 태도와 부단한 역량 개발과 철저한 자기 관리 능력, 최고의 식재료, 최고의 서비스로 만들어진 차별화된 걸작품이며 한편의 드라마임을 보여준다.

– 서비스의 아이콘 기업들
1. 리츠칼튼의 신화창조

■ 리츠칼튼의 역사

세자르 리츠에 의해 1880년에 탄생한 체인 호텔의 시조이며, 세계적인 최고의 호텔이다.

"사람들을 리드하고 과정을 관리하라!"라는 모토로 1992년과 1999년 Malcom Baldrige Award(말콤 볼드리지 상)을 서비스 분야에서 최초로 2번 수상하여 전 세계 호텔의 아이콘으로 자리 잡으며, 벤치마킹의 중점 대상이 되고 있다. 1992년에 구축되어 사용되고 있으며 특히 하버드대MBA과정에 포함된 고객 인지 프로그램(Customer Recognition Program)은 100만 명 이상의 고객 정보를 바탕으로 고객의 개인별 취향에 대해 조사하여, 고객별로 차별화된 맞춤 서비스를 제공함으로써 고객 유지율이 25%나 증가함과 더불어 수익성에 크게 기여하고 있다.

'고객은 왕이다'를 강조한 세자르 리츠는 고객의 경험을 중요시하여 호화로움의 절대 표준인 탁월한 서비스의 대명사로 인정받는 꿈의 서비스로 'NO.1, ONLY 1' 호텔을 탄생시켰다.

리츠의 사후인 1918년 아내 마리가 유럽과 미국의 일부 호텔에서 리츠라는 이름을 사용할 영업권을 제공하여, 개발 업자 앨버트 켈러는 리츠칼튼 투자 회사를 설립하여 1927년 개관한 리츠칼튼 보스톤을 시작으로 미국 각주로 오픈을 확대하였다.

1983년 미국호텔 네 곳으로 시작한 리츠칼튼 호텔 컴퍼니의 CEO인 호스트 슐츠에 의해 2011년까지 100개의 호텔을 보유하게 되었다. 슐츠는 효율성을 높이고 통합적인 품질 관리를 통한 제품 개선에 주력했다.

서비스의 전설이 된 리츠칼튼은 차별화된 독특한 경험 (정중. 다양. 우아로움 등)을 가치 있는 제품이라 생각하여 경영의 초점을 맞추고 실천한 결과, 다른 곳에서 찾아볼 수 없는 WOW(와우) 경험을 선사하게 되었다. 예를 들면 어떤 고객이 아침 회의에 참석하기 위해 준비하던 중 정장 구두를 챙겨 오지 않았다는 사실을 발견하고 종업원에게 신발 살 곳을 물어보았지만 회의 시간 전에 문을 열 상점은 없었다. 이에 종업원은 고객의 구두 사이즈가 자신과 같다는 사실을 알고, 결혼식에 한 번 신었던 구두가 어떠냐고 묻고서 괜찮다고 하자 집으로 가서 구두를 가져와 서비스를 한 것이다. 이처럼 작은 실천을 통해 고객에게 기억에 남을 인상적인 경험을 제공하는 것이 리츠칼튼 전 직원들의 일상화된 서비스 실천 행동이다.

리츠칼튼 경영진은 직원을 존중하는 태도, 품질 개선, 브랜드 리포지셔닝, 문화적 일관성 등 누구도 흉내낼 수 없는 탁월한 서비스에 초점을 두고 경영을 하였기에 세계적인 기업 문화, 최상의 고객 서비스 개발, 영향력 있는 직원으로 세계 제일의 호텔로 인정받고 있다.

호텔 업계 아이콘의 핵심은 '서비스의 가치'이며 '손님이든 직원이든 모든 사람이 다른 곳에서 찾아볼 수 없는 대접을 받는다'는 사실이다. 또한 경제 및 경영 상황이 어려워도 비용을 절감하기 위해 서비스 수준을 저하시키지 않으며, 업종을 불문하고 품질 지향적인 기업을 벤치마킹하여 품질을 개선하는 공격적인 경영을 하고 있다.

"사람들은 대접받기를 원하지만 표현하지는 않는다."는 사실을 인지하고 직원과 고객을 대할 시 보이지 않는 상황에서 주의력을 가지고 현장을 관찰하여 대응하는 능력이 탁월하다. 이는 매일 아침마다 열리는 Line Up(일종의 아침 조회)에서 WOW서비스에 대한 사례를 전 직원이 공유하고, 이에 따른 적절한 보상을 실시하여 동기 부여를 함으로써 주인 의식과 리츠칼튼의 직원으로서 자긍심을 높인 결과이다.

고객서비스의 기수이자 업계의 선두주자로 입지를 굳힌 이들은 'Gold Rule(황금 표준)'이라는 독특한 개념을 개발하여 이를 전 직원들이 실천함으로써 타의 추종을 불허하는 전설의 자리에 오르게 되었다.

'탄탄한 기초가 없다면 품질이라는 합판을 깔 수 없다'는 사이먼 쿠퍼 대표의 말처럼 황금 표준을 토대로 실천하고 훈련한 결과가 바로 'NO.1, ONLY 1'이라는 브랜드이다. 이들은 한시라도 자기만족에 빠지지 않고 변화하는 고객의 욕구에 적절히 대응한 결과라 볼 수 있다.

위대한 기업은 정상에 오르기보다 정상에 머무르기가 더 어렵다는 진리를 알고 행동한 것이며, 영구적인 차별화를 통한 탁월함이 곧 성공의 보증 수표라는 의식이 조직 전반에 흐르고 있다.

리츠칼튼의 직원들은 리츠칼튼의 영원한 팬이다.

리더와 직원들은 '황금 표준'의 광신도라 할 정도로 황금 표준이 적힌 '크레도 카드(Credo Card : 황금 표준을 적은 3단 접이식 포켓 카드)'를 항상 소지하며, 이 지침을 매일 확인하고 마음속에 새기며 실천을 다짐한다. 그리고 매일 Line-Up(아침조회)에 열외 없이 참석한다. 라틴어로 크레도는 '나는 믿는다'는 의미이며, '우리는 어떤 사람이며, 어떤 역할을 수행하는지를 표현한 것이다.

사명 선언문(p161 참조)은 '최상의 고객 경험(Ultimate Guest Experience)'에 대한 정의(1986년 12월3일 만듦)를 내리고, 첫째로 '고객에게 진심 어린 환대와 안락함을 제공하는 일'을 가장 중요한 사명으로 삼는다.

둘째로 '우리는 고객이 항상 따뜻하고 편안하며 세련된 분위기를 즐기도록 최상의 개인 서비스와 시설을 제공할 것을 약속한다.' 셋째로 '리츠칼튼의 경험은 고객에게 활기를 불어넣고 행복감을 주며, 고객이 표현하지 않은 소망과 욕구를 충족시킨다.'라는 선언을 한다.

• 신사 숙녀에게 봉사하는 신사 숙녀

Motto(모토)는 '신사 숙녀에게 봉사하는 신사 숙녀'이다. 이 의미는 고객에 대한 암묵적인 존중심과 이들과의 관계를 명확히 이해했다는 뜻이 담겨 있다.

즉 '신사 숙녀에게 봉사하는 우리도 언젠가는 신사 숙녀가 될 수 있으며, 고객 여러분도 우리를 신사 숙녀로 대우해 주시면 감사하겠다.'라는 메시지를 담고 있다.

회사 전 직원들은 언제든지 그들의 사명과 목적을 분명하고 정확하게 전달할 수 있도록 훈련하고 실천한다.

리츠칼튼의 서비스 3단계는 고객에게 진심을 전하는 것으로서 기업문화의 핵심이며 전 직원이 꾸준히 실천하는 자세를 가지도록 한다. 이 3단계의 실천을 경험한 한 고객은 '저를 맞이하는 직원들이 상냥해서 기분이 좋았고, 나와 우리 가족의 이름을 기억하여, 우리 가족이 탄 차가 호텔에 들어설 때마다 문 앞까지 나와서 이름을 부르며 맞이했다.'라고 한다.

또한 그들이 자긍심을 가지고 '나의 회사'라고 생각하며 일하는 것은 바로 직원 제일주의를 지향하는 회사에 대한 보답이라고 볼 수 있다. 예를 들면 여행을 떠났던 직원의 가족들이 어려움에 봉착하자, 그 지역 리츠칼튼 호텔의 직원들이 그 가족들을 성심성의껏 배려함으로써 '이런 기분 때문에 회사를 위해 일한다.'라고 느끼게 하는 것이다. 그러므로써 직원들에게 고객을 어떻게 대해야 하는

지를 느끼게 하고, 느낀 대로 행동하게 해 주는 사례라 볼 수 있다. 아울러 서비스 3단계를 통해 신입 사원을 따뜻하게 맞이해 주고 은퇴하거나 전근이나 퇴사 시 직원들을 다정하게 환송해 주는 전통을 가지고 있다.

〈20가지 기본 수칙〉(p162참조)은 리츠칼튼의 성공에 밑거름이 되었으며 탁월한 서비스를 제공하도록 서비스 3단계를 토대로 만들어졌다. 이는 일상적인 업무에 얽매이지 않고 고객의 문제에 대처하고, 고객의 기호를 확인해 기록하도록 한 것이다. 아울러 직원에 대한 권한 부여와 개별적인 고객 서비스 등에 대한 명백한 메시지를 전달할 뿐만 아니라 단정한 용모와 청결한 분위기 조성에 주의를 기울여줄 것을 규정하고 있다. 이는 고객에 대한 하나의 행동 시나리오이며, 표현은 'My Pleasure'다. 또한 지침에 너무 매달리지 말고 순간의 판단력을 발휘하여 융통성 있게 행동해야 함을 강조한다.

매일 아침 Line Up을 통해 고객 경험의 중요성을 전달하고, 고객 서비스의 탁월한 WOW사례를 공유하며 이를 근거로 개선할 점에 대한 토의를 한 후 공지사항을 전달하고, 직원들의 입사 기념일을 축하하며 20분 미팅을 종료한다. 이를 통하여 회사의 궁극적인 목적을 정확하게 설명하여 직원들에게 영감을 주고 동기부여를 할 뿐만 아니라, 회사의 정체성을 창조하고 정보를 공유하는 장으로 활용한다. 이를 통하여 '어떤 방식으로 충성스러운 기존 고객을 실망시키지 않고, 변화하는 고객의 욕구에 맞춰 어떻게 변화할 것인가'를 연구하고 계획하고 반드시 실천한다.

기본 수칙 20가지는 고객에게 말하는 구체적인 방식을 규정한 반면, 서비스 가치 12(p161 참조)는 전문가다운 언어를 권장하고 있다.

• 채용과 관리는 어떻게 하는가?

직원 채용 시 지원자의 장점을 평가하고 각 직책에 맞는 자질과 요건을 확인하며 서비스를 제공하는 일에 자부심을 느끼는 사람들을 물색한다. 특히 지원자의 재능을 중요시하며, 다듬어지지 않았지만 적절한 재능을 갖춘 인재를 선발한다. 무엇보다 호텔 서비스 상품을 전달하는 일에 타고난 적성을 가진 인재를 선발하며, 서비스 제공에 있어서 진정한 강점을 구비하고 일을 즐기면서 수행할 줄 아는 긍정적이며 외향적인 사람을 채용한다.

'직원을 고용하는 것이 아니라 선발하는 것이다.'

라는 채용 철학을 가지고 있다. 고용은 일자리를 채울 사람을 찾는 일이며, 선발은 탁월한 서비스를 제공할 최상의 인물을 선택하는 것이다.'라고 생각한다. 채용 과정은 여러 차례 면접을 거친다. 이는 인재 선발에 있어서 '특별하게 선발된 사람'임을 보여주어 자부심을 가지게 함은 물론, 업무를 통해 신뢰로 보답해야 하는 책임

의식을 가지게 하는 동기부여의 계기가 된다. 따라서 기업은 필요한 인재를 찾고 직원은 담당 업무에 자부심을 느끼는 하나의 절차라 볼 수 있다.

근무 시 마음가짐은 '나는 우리 고객을 위해 독특하고 인상적이며 개인적인 경험을 창조할 권한이 있다. 또한 고객의 문제를 책임지고 즉시 해결한다는 각오를 다지지만, 결코 남에게 책임을 전가하는 일은 없다.'는 신념을 가지고 있다.

직원들은 특히 고객 경험을 향상시키거나 즉각적인 문제 해결을 위해 하루에 한 고객당 2,000$을 지출할 결정권을 가지도록 함으로써, 직원을 신뢰하고 권한을 부여했다. 예를 들면 호텔에서 아이가 먹을 무지방 아이스크림이 없어서 불편해하는 고객을 위해 라이스드림 냉동 디저트(식물성 쌀 음료)를 직접 사서 제공하거나, 원하는 시간에 룸서비스를 받지 못한 고객을 위해 선물을 구입하는 데 지출을 하는 것과 같은 서비스를 한다. 이들은 즉각적인 문제 대처가 가장 비용이 적게 드는 것이라고 생각해서 주어진 권한이다.

리더들은 '직원들이 고객과의 장기적인 인간 관계를 맺을 수 있도록 신뢰해야 하며, 직원들은 고객에게 봉사하겠다는 목적을 위해 모인 사람들이다'라는 의식을 가지고 있다. 아울러 주기적으로 직원들의 회사에 대한 충성도 측정을 위해 갤럽C12를 통해 진단하고, 결과에 따라 대응하여 충성도 향상을 위해 노력한다.

갤럽의 직원 충성도 측정을 위한 질문			
질문 내용	상	중	하
1. 나는 직장에서 내가 해야 할 임무를 알고 있다.			
2. 나는 내 업무를 적절히 수행할 자료와 도구를 갖추고 있다.			
3. 직장에서 나는 매일 내 업무를 가장 훌륭하게 수행할 기회를 얻는다.			
4. 지난 일주일 동안 업무를 훌륭하게 처리한 결과 인정이나 칭찬을 받은 적이 있다.			
5. 상사나 직장 동료가 나를 인간적으로 배려한다.			
6. 내가 발전하도록 격려하는 상사나 동료가 있다.			
7. 직장에서 내 의견을 존중한다.			
8. 내가 하는 일이 우리 회사의 사명과 목적을 달성하는 과정에 중요하다고 느낀다.			
9. 직접 동료들이 훌륭하게 업무를 처리하기 위해 노력한다.			
10. 나는 직장에서 가장 친한 친구가 있다.			
11. 지난 6개월 동안 누군가 내 발전 상황에 대해 말한 적이 있다.			
12. 지난 해 나는 직장에서 배우고 성장할 기회가 있었다.			

• 고객충성도 측정

고객 만족도(기업의 제품이나 서비스에 대한 고객의 생각을 측정하는 척도)가 아닌 보다 더 높은 수준의 고객 충성도(어떤 기업에 대한 고객의 인식과 감정, 전반적인 고객 충성도를 측정)를 측정하여 고객의 감정적인 경험과 장기적인 충성도를 향상시키기 위해 노력하였다. 이를 위해 갤럽 CE11의 설문으로 고객의 감정적인 충성도를 정기적으로 평가한다.

갤럽은 매월 기업과 개인 고객에게 전화를 걸어 인터뷰를 하며, 한 호텔당 매월 33회, 연간 총 1만 9천 회가 넘는 인터뷰를 실시하며, 고객에게 11가지 항목을 질문하고 감정적인 요소(고객의 전반적인 행복감과 고객의 욕구를 예측하는 직원의 능력)나 호텔에서의 경험(예 : 객실 청결 정도, 체크인 과정 등)에 대해 질문한다. 그 후 수집한 데이터를 근거로 매달 결과를 공유하고 18개월 평균치를 기준으로 녹색, 노랑색, 빨강색 존으로 호텔의 등급을 표시한다. 이를 토대로 직원에게 제공할 인센티브와 보상을 결정한다. 이를 통해 기본 요소를 충실히 실천함으로써 모든 대륙의 고객에게 탁월한 서비스를 제공하는 것이다.

갤럽의 고객 충성도 측정을 위한 질문			
질문내용	상	중	하
1. 당신은 리츠칼튼에 얼마나 만족하십니까?			
2. 계속 리츠칼튼을 이용하시겠습니까?			
3. 리츠칼튼을 친구나 동료에게 추천하시겠습니까?			
4. 리츠칼튼은 내가 항상 신뢰하는 브랜드이다.			
5. 리츠칼튼은 항상 약속을 지킨다.			
6. 나는 문제가 발생하면 리츠칼튼이 공평하고 만족스러운 해결책을 제시할 것이라고 믿는다.			
7. 리츠칼튼은 항상 나를 공평하게 대한다.			
8. 나는 리츠칼튼 고객이라는 사실에 자부심을 느낀다.			
9. 리츠칼튼은 언제나 나를 존중한다.			
10. 리츠칼튼은 나를 포함해 모든 사람들에게 완벽한 호텔이다.			
11. 나는 리츠칼튼이 없는 세상을 상상할 수 없다.			

특히 11번 조항의 '나는 리츠칼튼이 없는 세상을 상상할 수 없다'라는 물음은 최고의 수준이 되지 않고는 결코 물을 수 없는 당당한 물음이 아닌가 하는 생각을 한다.

이들은 항상 INTRO BANG(물음 느낌표) 하는 자세로 호텔 제품이나 서비스 사용에 대하여 답을 가진 고객에게 주기적으로 질문한다. 그리고 결과에 대하여 해야 할 요소에 대한 도전을 통해 고객으로 하여금 WOW 서비스를 제공함으로써 호텔 지존의 자리를 굳건히 지키고 있는 것이다.

창업자 세자르 리츠가 강조한 '고객은 왕이다'라는 슬로건은 '입에 발린 소리'가 아니라 고객의 감각 속에서 현실이 되는 것을 보여주고, 느끼도록 해주어, 영원히 아름다운 추억으로 남을 깜짝 경험에 대한 족적을 오늘도 전설로서 기록하고 있다. 따라서 전 직원들은 고객의 특성을 파악하고 원하는 서비스를 제공함으로써, 기억에 남을 만한 경험을 창조해야 한다. 또한 정보를 전략적으로 활용해 고객의 경험을 향상시킬 것도 요구된다.

단골고객의 충성도는 매우 높다.(고객 관리가 용이하다.) 이는 고객의 마음을 정확하게 읽는 섬세한 분별력을 필요로 하므로 고객이 방문 전의 단계를 중요시하며 이를 통해 고객의 프로필을 작성하고 미리 충족시켜야 할 특별한 욕구가 있는지 확인한다. 특히 예약 담당 직원은 원하는 욕구를 예측하기 위해 여러 가지를 질문한다. '고객님, 오늘이 특별한 날인가요?'라고 물었을 때 '예, 사실 결혼 기넘일입니다.'라고 답하면, 접수 직원은 '오, 멋져요. 몇 주년인가요?'라며 축하를 한다. 그 뒤 알아낸 정보를 이용해 디저트 코스에서 '축 결혼기념일' 이라고 쓴 접시에 트뤼플(초콜릿 과자)을 대접한다. 이처럼 고객의 선호를 고려해 적절한 경험을 제공하는 직원의 사려 깊고 섬세한 관심을 확인할 수 있다.

고객의 심리에 대해서 고객은 은연중에 이렇게 생각한다고 이해한다.'이 회사는 내가 다른 고객과 다르다는 점을 알고 있는가? 내가 중요한 사람이라고 느끼며 편안하게 지낼 수 있도록 세심한 서비스를 제공하는가? 이 회사는 내 생활을 향상시키는 일보다 돈 버는 일에 더 관심이 있는가?' 등에 대하여 확인하고 싶어하며, 이에 NO라고 판단할 시 미련 없이 떠날 준비를 한다. 그러하기에 항상 고객의 말을 경청하고, 고객의 행동을 보고, 고객의 욕구를 파악하는 데 익숙해야 한다. 이처럼 고객 개개인의 특성을 이해하고 고객의 선호에 따라 맞춤서비스를 제공함으로써 리츠칼튼이라는 브랜드를 경험한 고객들을 리츠칼튼의 영원한 팬으로 만들어 관계를 굳건히 다지고 있는 것이다.

최근 조사에 따르면 기업의 서비스에 '대단히 만족한다'는 고객의 충성도는 '만족한다'라는 고객보다 2.5배 정도 높게 나타났다. 대단히 만족하기 위해서는 고객과 기억에 남을 만한 감정적인 유대 관계를 맺어야 한다. 아울러 현대 고객은 적당한 서비스에 그치지 않고, 보다 더 큰 가치나 관심 혹은 즐거움을 얻음으로써 전율을 느끼고 차별화를 통하여 '특별한 만족감'이라는 쾌감을 얻고자 한다. 따라서 기억에 남을 만한 감정적 유대인 'WOW 경험'을 호텔 사용에 대한 보상으로 선사해야 된다고 생각하면서 전 임직원들이 깜짝 서비스를 실천하는 것이 리츠칼튼의 서비스 전사들이다. (참조

: 〈NEW GOLD STANDARD〉 by Joseph A.Michelli & The Ritz-Carton)

2. Wal-MART성장의 끝은 어디인가?

■ 샘의 철학과 서비스전략

샘 월튼 회장이 1962년 아칸소 주 로저스에 1호 할인점을 오픈한 이후, 1991년 시어스의 매출을 추월하여 최대의 소매기업에 등극하여 지금 현재까지 업종, 업태를 초월하여 세계 최고의 매출 신기록(2013년 기준 : 476.5 Billion$ 약480조 원)을 달성 중이며 500Billion$ 목표를 향해 200여만 종업원들이 업무에 열중하고 있다.

소매업의 불문율로 전해오는 '가격은 하루, 진열은 3일이면 흉내 낼 수 있지만 서비스는 평생을 노력해도 흉내낼 수 없다.'는 말과 같이, 고객을 포함한 다른 사람의 기대를 능가하기 위해 항상 다른 방식에 도전하며 세계에서 가장 좋은 소매기업으로 만들기 위해 Better Way를 생각한다.

그들은 유통 올림픽 10종 경기의 승자가 되기 위해서 중점 관리 항목을 설정하여 특히 ① 가격관리 ② 점포 운영 능력 향상 ③ 기업 문화 ④ 핵심 상품에 대한 판촉 ⑤ 상품 선정 ⑥ 비용 관리 ⑦ 인력 운영 ⑧ 서비스 향상 ⑨ 자동화 시스템 운영 ⑩ 물류 효율화 등에 경영의 초점을 맞추어 오늘도 새로운 변화의 물결을 거슬러 올라가며 진화하고 있다. 월마트는 경쟁에서 승리를 위해 철저하게 다져진 기업이다. 샘의 꿈은 '세계 최대가 아닌 최고의 소매 기업으로 만드는것'이었으며 자주 점포를 방문하고 대화를 나누었으며, 특히 고객의 목소리에 귀를 기울였다.

2004년 포춘지가 선정한 '미국에서 가장 존경받는 기업 1위'가 되었으며, 샘의 추구 가치는 고객을 위해 옳은 일을 하고, 직원들 복지에 관심을 갖고, 정직한 거래를 하고, 고객에게 이익을 돌려주고, 모두가 쉽게 알 수 있도록 시스템을 정비하고, 작게 생각하고, 비용을 관리하고, 기업 운영 방식을 개선하는 것이었다.

1992년 4월 사망할 때까지 경이로운 기록을 갈아치우며, 조직의 문화와 직원들의 의식 속에 혁신에 대한 추구와 시장 환경에 대한 놀라운 적응력을 심어 주었다. 그는 과거의 성공을 보증해 준 방법이 미래의 성공으로 이어질 거라고 기대하는 자는 기업 경쟁의 탈락자가 된다는 진리를 알고 패러다임을 바꾸기 위해 노력해 왔다.

전임 CEO 데이비드 글래스는 '계산대 운영 스케줄은 비용 지출을 최소화하는 목적에서 작성하지 말고, 고객에 대한 서비스가 최고가 되도록 유연성 있게 운용하라'고 할 만큼 고객의 배려에 신경을 썼다. 불결한 비행기를 타는 승객은 해당 비행기의 모든 장비와 승무원을 불신하듯이, 경쟁이 치열한 시장 상황에서 소비자를 로열 고객으로 만드는 기회는 단 한 번이며, 두 번의 기회는 오지 않음을 명심해야 한다. 또한 고객과의 처음 만남을 마지막이라 생각하며 서비스에 임하는 것을 원칙으로 해야 한다.

고객들의 매장 접근성을 편리하게 하기 위하여 고객들이 쉽게 접근할 수 있는 곳에 위치를 선정하며, 고객들의 동선을 감안하여 레이아웃을 한다. 또한 입구에서 가장 가까운 주차장은 고객에게 할애할 뿐만 아니라, 점포 내의 상황에 대하여 주기적으로 고객에게 물어보고 의견을 정책에 적극 반영한다.

점포 내부 관리에 있어서는 항상 바닥이 청결하고 윤기가 나야 하며, 카펫 바닥일 시 매일 청소기로 먼지 제거를 한다.

상품 판매대는 먼지가 없어야 하며, 조도도 밝아야 한다. 아울러 점포 내 통로에 상품 상자를 쌓아두지 않는다. 또한 가격표와 광고 포스터는 보기 좋아야 한다는 원칙을 가지고 기본에 충실하고 있다.

시스템 선정에 있어서도, 계산대 시스템은 고객에 대한 서비스 수준을 높이고 어떤 시스템을 도입하여도 항상 고객들의 편의를 우선적으로 생각한다.

직원들에게 대폭적인 권한 이양 이후, 조직 문화는 또 하나의 경쟁 우위가 되었다. 여기서 생겨난 시너지 효과로 조직의 잠재력을 십분 활용하고 있을 뿐 아니라, 직원 존중과 신뢰를 통하여 회사에 대한 충성도는 매우 높다.

월마트 인사 철학의 3원칙은 조직 문화의 대들보로서 역할을 수행하며 '첫째로 직원을 존중하며, 둘째로 고객에게 봉사하며, 셋째로 최고를 지향한다'에서 나타나듯이 내부 고객인 직원을 존중하고 배려함으로써 고객을 당연히 존중하는 서비스로 연결됨을 알 수 있다.

그들은 내부 고객을 포함한 전방위 고객 만족도 평가와 부하 직원에 대한 평가, 오픈 도어(Open door) 정책의 수용 정도 등 다양한 측면에서 책임자급을 평가한다. 특히 부하 직원으로부터 나쁜 평가를 받을 시 승진에 제약이 있거나, 심한 경우 해고도 된다. 이는 곧 직급이 높을수록 부하 직원들의 욕구를 들어주고 더 헌신적이어야 한다는 문화를 심어 주었다. 샘은 '직원들을 어떻게 대하는냐에 따라 회사의 실적이 달라진다.'는 방정식을 알고 적극 경영에 응용했다. 아울러 간부들의 솔선수범을 주문하였고 경쟁자가 월마트의 방식을 모방해도 바로 성과를 이뤄내지 못하는 것은 직원들의 역량과 의식수준에 차이가 있기 때문이라고 믿었다. 즉 '회사가 직원을 배려하면 직원들은 고객들을 따뜻하게 맞아주고, 따라서 사업은 저절로 성공한다.'는 이치였다.

고객들의 심리는 자신의 기분을 좋게 만들어 주는 곳에 가서 돈을 쓰고 싶은 것이며, 더불어 판매가를 낮추는 것이 고객 서비스 수준을 높이는 것이라 생각하여 구매 담당자가 가격 협상 시 비싸게 구입하면 고객에게 피해를 주는 것이라고 생각했다.

또한 현장 작업자들이 상품화 작업 시 수율을 생각하여 로스를 줄이도록 작업하는 것도 고객에 대한 서비스라고 인식하고 1$를 낭비할 때마다 고객 살림살이에 영향을 준다는 마음가짐으로 근무하고 있다,

'변화를 만드는 것은 사람이다.'라고 생각하며 경쟁자들과 차이

를 만들어내기 위해 항상 Can-do-Everything(무엇이든 할 수 있다.) 자세로 근무한다. 아울러 코스트 절약의 목적은 고객에게 공헌하기 위함과 라이벌에 승리하기 위해서라고 생각한다.

소매업은 상품 판매업 이전에 고객과의 관계 만들기이다. 이렇게 신뢰를 쌓아가는 것이 credit확보이고, 이익 창출의 원천이다. 따라서 인간 비즈니스의 점포를 만들기 위하여 고객 응대 스킬이 점포의 품질을 좌우한다고 생각하여 10 Feet Rule(고객이 10ft 전방에 접근 시, 눈을 마주치며 미소를 머금고 인사를 건넴과 동시에 '무엇을 도와드릴까요?'를 반드시 물어봐야 한다.)을 생활화하도록 했다.

그들은 고객에게 더 큰 만족을 제공할수록 고객과의 관계는 더욱 특별해짐을 알고, 항상 고객이 원하는 바를 들어 주며, 3%의 별난 고객 때문에 97%까지 불편하게 만들 이유가 없다고 생각했다. 따라서 좋은 상품, 낮은 판매 가격, 높은 수준의 고객 서비스가 일류 점포의 기본 조건임을 알고 실천하고 있다.

■ 고객에 대한 핵심 정의

1) 고객은 우리 회사에서 가장 중요한 사람들이다.

2) 고객이 자신의 삶을 우리에게 의존하는 것이 아니라, 우리가 고객에게 의존하는 것이다.

3) 고객은 우리 회사의 중요한 일부분이다. 내부인으로 인식해야 한다.

4) 고객은 우리에게 요구를 하도록 되어 있는 사람들이고, 고객의 요구를 들어주는 것이 바로 우리가 해야 하는 일이다.

5) 고객을 차가운 통계 수치로 인식하지 마라. 고객도 우리와 마찬가지로 감정을 지니고 있는 사람들이다.

6) 고객은 우리로부터 최고 수준의 세심하고 친절한 서비스를 받을 자격이 있다.

7) 고객은 우리가 준비한 상품을 구입해 주고 우리에게 월급을 주는 사람이다.

8) 우리를 포함한 모든 기업이 존재할 수 있는 영양분은 모두 고객으로부터 나오는 것이다.

9) 고객은 우리가 말싸움을 하거나 화를 내도 되는 대상이 결코 아니다.

10) 우리가 고객 서비스를 통해 고객에게 혜택을 베푸는 것이 아니라, 고객이 우리 점포에서 쇼핑을 함으로써 우리에게 혜택을 베푸는 것이다.

11) 우리 회사의 진정한 주인은 바로 고객이다. 그는 우리 회사의 어떤 사람이라도 해고할 수 있으며, 회장인 나도 예외가 되지 못한다. 다른 매장에 돈을 쓰기로 결정한다면 그 누구도 해고되지 않을 수는 없을 것이다.

1)~11) 항목에 대한 내용을 볼 때 고객은 물이며 월마트는 배로서, 배가 항해하기 위해서는 물이 필요하듯이 진솔되고 충심 어린

서비스가 있을 때는 물이 많아 기업이 원하는 성장의 항해가 가능하다. 하지만 고객으로부터 외면을 받을 시 물이 다 빠져나간다면 항해 중단은 물론이거니와 성장은커녕 생존도 기대할 수가 없다. 또한 비윤리적인 기업 운영으로 사회적인 이슈가 되면, 즉 물이 소용돌이(집단 클레임)칠 경우에 배는 전복되는 운명(좌초나 침몰)에 처하여 직장을 잃는 처지에 이르게 됨을 일깨워 준다.

• 고객 중심적 기업 문화의 3가지 원칙

3원칙은 1962년에 정립되어 기업 문화의 근간이 되었으며, 기업 활동의 중심이 되고 있다.

1) 우리 점포를 찾는 모든 사람을 존중한다.

2) 고객에게 최고 수준의 서비스를 제공한다.

3) 사업 활동의 모든 분야에서 최고를 지향한다.

• 고객 설문조사 10질문

1) 향후 4주 이내에 우리 점포를 다시 찾아주실 생각을 갖고 계십니까?

2) 직원들이 설명을 잘 해주었고 고객에게 도움이 되었습니까?

3) 점포 내에 상품이 충분히 갖추어져 있습니까?

4) 월마트의 상품 판매 가격이 싸다고 느끼셨습니까?

5) 상품 교환이나 환불은 쉽게 이루어졌습니까?

6) 직원들이 친절하다고 느끼셨습니까?

7) 점포 내부는 청결하다고 느끼셨습니까?

8) 찾으시는 상품 수량이 부족한 적은 없으셨습니까?

9) 계산대 앞에서의 대기 시간이 길지 않으셨습니까?

10) 지난 4주 동안 우리 점포를 몇 차례 방문하셨습니까?

이상의 10가지 설문을 통해 회사 규정 준수 여부와 현 사업 방식에 대한 문제 여부를 판단했으며, 고객이 곧 회사의 존재와 성장의 이유라 생각하여 고객의 생각을 담고 있는 설문 조사 결과를 매우 소중히 여겨 매장 운영에 적극 반영했다.

■ 고객을 대하는 직원들의 행동과 태도

고객 서비스는 가장 중요한 업무이고 서비스 차별화하는 주요한 요소이며, 고객의 기대를 넘어서는 높은 수준의 서비스를 제공한다면 고객으로부터 그에 상응하는 보답을 받게 될 것이다. 따라서 고객에게 먼저 말을 건네고 무엇을 원하는지 물어보아야 한다. 그렇게 함으로써 고객에게 무엇을 팔아야 하는지를 판단하는데 도움을 받을 수 있다.

고객은 저절로 생기는 것이 아니므로 고객에게 진심 어린 존경과 감사의 뜻을 표해야 한다. 고객에게 실수를 했다면 분명하게 사과하고, 자신의 실수에 대해 책임지는 태도를 보이며 대충 넘어가서는 안 된다는 것을 알아야 한다.

월마트의 가장 중요한 고객 서비스 규정은 '고객 만족 보장'임을 항상 기억하고 행동하는 것이다.

이를 위해 무조건적인 상품 교환과 환불 정책을 실시하고 있다. 이유는 교환이나 환불 상품을 분석해 본 결과 매출액 대비 5% 이하이고, 그중 1/2인 2.5%의 상품이 정상이었으며, 나머지 2.5% 중 1/2 인 1.25%는 하자가 있는 반품 상품으로 할인 판매로 판매가 가능하였고, 나머지 1.25%의 1/2인 0.625%가 제조사가 책임을 질 문제였다. 결국 회사의 실질적인 책임분은 0.625%였다. 따라서 '0.625%의 손실을 막기 위해 고객을 잃을 가능성이 있음에도 불구하고 고객과 말다툼을 해야 하겠는가?'라는 것이 월마트의 판단이었다.

예를 들어 월마트의 고객 1인이 평균 3,000$ (연간) 소비로 10년간 찾아준다면, 10년 매출액은 30,000$일 것이다. 그런데 '교환이나 환불을 요구하는 단 하나의 상품 때문에 30,000$를 포기할 것인가?'에 대한 결론이 무조건적인 교환/환불 정책 실시의 이유이다.

■ 인력 운영

인력을 채용 시 포춘지 선정 500대 기업에 들지 못하는 이력 소유자를 선정한다. 그 뒤 이들을 훈련시켜 A급 인재로 육성하며, 인물평가 시에는 혼자 튀는 것보다 동료들과 조화로운 관계를 맺을 줄 아는 사람을 높게 평가하고(One for all, All for one : 하나를 위한 전부, 전부를 위한 하나), 겉모습보다 업무 능력과 결과물을 중요시한다. 아울러 점포에 있는 직원들에 의해 고객들이 점포에 대해 느끼는 이미지가 결정됨을 알고 직원 교육에 정성을 쏟는다.

또한 직원들의 태도가 고객들의 태도를 결정하고, 고객들의 태도에 의해 판매 여부가 결정된다는 것을 알고 대처하며 고객이 도움을 요청 시 호의적인 태도로 즉시 도움을 준다.

고객의 불만이 제기되는 즉시 해결해 줄 수 있도록 상당한 수준의 권한을 이양하여 고객의 불만을 발견 즉시 현장에서 해결할 뿐만 아니라, 고객은 언제나 옳다는 것을 잊지 않는다.

직원들은 친절해야 하며, 상품에 대해 해박한 지식을 갖추고 고객에게 항상 도움을 줄 수 있도록 역량 향상에 노력한다.

이렇게 창업자 샘의 철학을 바탕으로 전 임직원이 동일한 방향을 바라보며 상생의 신뢰감을 바탕으로 세계 최고, 최대의 경영 성과를 거두며 새로운 역사를 만들어 가고 있는 것이다.

3. 고객 관계로 성장한 Tesco

■ 테스코의 역사와 성장

1924년 영국의 잭 코언(Jack Cohen)이 식품 소매 회사로 설립하였으며 회사명은 잭 코언과 납품업자 T.E. 스톡웰(T.E.Stock well)의 이름에서 딴 것이다.

2013년 기준, 세계 유통업체 중 서열 4위로 매출은 1,013억$이다 주요 사업은 식품, 생활, 건강, 미용 용품, 기타 잡화상품 등의 판매와 소매금융업(1997년)을 주력 사업으로 하고 있다. 1990년대에 유통 업체 인수를 통한 사업 확장 및 고품질 PB상품 개발 확대, 업계 최초의 클럽 카드 도입 등의 공격적 경영으로 급속 성장하였다. 1992년 이후, 적극적인 해외 진출을 시도하여 헝가리, 체코, 슬로바키아 등의 동구권에서 확고한 지위를 확보하였다. 또한 영국과 스코틀랜드, 웨일스, 북아일랜드에 979개의 점포(영국 내 729개)와 26만 명의 종업원을 보유하고 있다. 점포의 반 이상을 주유소와 함께 운영하는 것이 특징이다. 한국에서는 1999년 삼성 물산과 합작으로 삼성 테스코를 설립하고 2008년 5월 이랜드의 홈에버 인수로 국내에서도 유통 강자로서의 입지를 다지고 있으나, 최근 불거진 직원들의 경품 이벤트와 관련된 불법 사례와 고객 정보 유출 관련 사건에 연루되어 고초를 겪고 있다.

• 성장의 변곡점

1993년 영국 일간지에 '만약에 질 좋은 제품을 사고 싶으면 세인 즈버리(영국 고급 슈퍼마켓 체인)로 가고 값이 싼 물건을 사고 싶으면 할 인점으로 가라, 테스코는 이도 저도 아닌 둘 사이에 낀 어중간한 존재이다.'라는 기사가 날 정도로 색깔이 없는 존재였다. 그러나 1995년 경쟁자를 물리치고 영국 유통업체 1위로 등극하여 지금까 지 계속 자리를 고수하고 있다.

게임 판도를 바꾼 주역은 테리 리히 전 CEO였으며 1992년 말 구 원투수인 마케팅 이사로 인연을 맺어 1997년 CEO자리에 올라 14 년을 일하면서 신화를 창조했다. 당시 테스코는 영국 내 두 라이벌 인 '막스 앤 스펜서'(매출은 테스코 3배)와 '세인스버리'(매출은 테스코 2배)라 는 두 마리의 고래 싸움에 새우등 터지는 상황이었다. 게다가 독일 계 유통 업체인 '알디'와 '리들' 등이 저가 정책을 구사하며 영국에 진출한 시기여서, 최악의 상황이었다. 그러나 CEO 재임 후 매출 4.5배라는 기록을 세워, 신화 주역으로 불리고 있다.

그는 기자와의 인터뷰에서 성공 신화의 비결을 묻자 3가지를 꼽 았으며 첫째가 '고객이 원한다고 여기는 것이 아니라, 고객이 원하 는 것을 하라.'였다.

1990년도 테스코 매장은 인테리어 비용이 유통 업계 최고였으 며, 디자인은 전 세계 유통 업체가 가장 부러워하는 대상이었다. 이에 직원들은 자부심을 가졌으나 CEO 취임 후 시행한 '고객 만족도 조사'를 통해 그것이 헛된 투자였음을 알았다. 예를 들면 매장의 냉장, 냉동 진열대는 문이 없는 최첨단 설비였으나 진열대의 냉기가 매장에 퍼져 고객들은 매장이 너무 서늘하다고 컴플레인을 했다. 또한 매장의 전체적인 조명을 어둡게 하고 진열대만 밝게 비추는 인테리어를 도입했는데, 고객들은 매장이 너무 어둡다고 불평을 했다. 이런 이유로 고객에게 '이런 매장에서 쇼핑하고 싶습니까?'라고 항상 물어보고 결과에 따라 즉시 개선을 실시했다.

고객들의 생활 양식과 요구는 사회 흐름에 따라 급속도로 바뀌므로, 그들의 요구에 부응하지 않으면 경쟁에서 뒤질 수 밖에 없는 운명에 처해지는 것은 당연한 이치라고 판단했다.

그는 1995년 회원 카드의 효시 격인 '클럽 카드'를 도입하여 고객들의 실제 요구를 파악하기 시작했다. 클럽 카드를 통해 확보된 개인 정보와 구매 데이터를 바탕으로 회원들 개개인의 소비 습관과 취향에 맞춘 상품 할인 쿠폰을 연간 700만 개씩 발행했다. 쿠폰 사용율은 업계 평균인 2%보다 더 많은 20~50%에 달했으며 이는 고객에 대한 철저한 분석의 결과였다.

두 번째가 '골리앗과 맞서려면 다윗의 방법을 활용하라.'이다.

경영 작가인 맬컴 글래드웰은 저서 '다윗과 골리앗'에서 평범한 개인이나 중소기업이 '거인'이라는 거대 기업을 상대하려면 자신만의 차별화된 전략을 키워야 된다고 했다. 1999년 월마트가 영국 시장에 진출했을 때, 테스코가 선택한 전략은 '월마트와 정면 승부를 하지 않는다.'는 전략으로 강점이 있는 식품 분야에 주력을 했다. 이런 결과로 월마트는 영국에서 아직까지 3~4위에 머물러 있다.

테스코는 인터넷몰 분야에서도 2000년 '테스코 닷컴'을 만들어 타 경쟁사보다 한발 앞선 진출로, 현재 온라인 쇼핑몰 식품 분야에서 세계 1위를 고수하고 있다.

1996년 클럽 카드를 통해 고객들의 정보를 파악하여 그들이 어떤 저축 상품이나 보험 상품을 원하는지 예측할 수 있는 점을 활용하여 유통업계 최초로 금융업에 진출하여 성공을 거뒀다. 2013년 9월 현재, 테스코 은행의 금융계좌 수는 650만 개에 이른다.

이를 본받아 최근 월마트와 이케아도 보험 서비스를 게시하기 시작했다.

세 번째가 '더하기'가 아닌 '빼기' 전략이다.

일반적인 유통업계의 전략으로 Scale Merit(규모 경제 : 규모가 커지면 비용이 절감된다)를 생각하여 규모를 키워야 된다고 생각하지만 리히 전 CEO는 군살 없는 효율적인 상태를 의미하는 린(Lean : 일본 토요타 자동차의 생산 전략) 경영'을 강조했다. 저가를 무기로 영국에 상륙한 직후인 1990년대 생존의 귀로에서 저가 전략에 맞서기 위해 '밸류라인(Value Line)'이라고 하는 상품群(군) 생산에 주력하여 고객들에게 가격 대비 최고의 가치를 제공하기 위해 불필요한 기능은 전부 제거한 상품을 선보였다.

리히 전 CEO는'경영자가 린 사고를 습득하기 위해서는 '적은 것이 많은 것이다. (Less is more)'라는 말에 확신을 가져야 하며, 적은 것으로 더 많은 것을 생산하고, 더 적은 비용을 들여 더 좋은 제품을 생산할 수 있다고 생각하였다. 즉 불필요한 군더더기를 줄일수록 생산성은 높아진다는 확신을 가졌다. 이는 TOYOTA 생산 방식에서 가장 중요시하는 철저한 낭비 제거 사상에 기초한 것이었다.

■ 고객에 대한 사상

체스헌트 본사의 안내데스크 벽면의 기업사명 명판에는 '고객에게 평생 충성도를 얻기 위해 고객을 위한 가치를 창출하자. (Create value for customers to earn their lifetime loyalty)'라고 적혀 있다.

비전은 '누구보다도 고객을 잘 이해하자. (Under stand customer better than anyone)'이며 '고객과 가까이에 있는 기업은 성장한다. 하지만 그 힘은 항상 고객의 손에 있다.'는 것을 터득하고 실천하고 있다.

고객 로열티 확보 전략을 통하여 '검은 머리가 파뿌리가 될 때까지'고객들에게 신의를 지키키 위해 '클럽 카드'를 운영하고 있다.

맥킨지 연구결과 각 업태별 10위권의 미국 유통 업체 중 ½이 고객 회원제를 구축하고 있으며, 식료품 구매 소비자 중 53%가 대형 마트나 슈퍼마켓 회원이며 식료품 매장 회원 중 48%는 회원이기에 구매를 더 한다고 할 정도로 회원제의 중요성이 부각된다.

회원제의 가치 창출 효과는 다음과 같다.

1) 구매액과 구매 빈도가 높아진다.

등록은 모종의 보상을 기대한다는 결정을 내린 것으로, 집객의 원천이며 지속적인 판매 연결로 이어진다.

2) 마케팅의 홍보 효과가 높다.

대규모의 개별 고객을 파악함은 물론, 소통할 수 있는 방법을 동원할 수 있다. 또한 고객군별 관리가 가능하여 판매 기여도에 따른 차별적 응대가 가능하다.

3) 고객 정보의 자산 가치가 탁월하다.

방대한 거래 정보는 경영 방식을 변화시키는 토대가 되며, 정확한 정보 해독을 통하여 미래를 통찰함으로써 성장의 기폭제가 된다.

4) 회원제를 통해 소비 트렌드 파악이 가능하다.

회원들의 로열티 정보에서 고객의 구매 행동, 구매품, 비구매품에 대한 큰 변화를 예의 주시함으로써 스마트한 경영이 가능하다.

5) 회원제는 낭비를 최소화한다.(비용 대비 효율적 운영)

회원을 통해 얻은 통찰력으로 선별적인 우대 조건을 제안하여, 지출 낭비를 감소할 수가 있다. 따라서 차별적인 1 : 1마케팅이 가능하므로, 個客管理(개객관리 : 개인별 고객 관리)가 실현된다.

6) 회원제에 기반한 로열티 프로그램은 신뢰 구축에 기여한다.

고객과 친밀한 소통과 호불호 파악으로 맞춤식 서비스를 제공하여, 충성도와 존중심을 제고할 수 있다. 모든 회원제는 나름의 취

약점을 가지고 있다. 하루아침에 매출 신화의 견인차 역할을 할 수도 없을뿐더러, 날림으로 만든 고객 충성도 전략은 오히려 고객 충성도에 해가 될 수 있다. 따라서 장기적 성공을 위하여 브랜드의 주요 강점을 반영하는 전략적 수단으로 간주해야 한다.

성공한 고객 로열티 제도는 로열티의 의미와 고객 만족 증대와의 관련성을 명확히 이해한 결과물이며, 이럴 때 고객은 충성도를 보이며 그들과의 관계는 영원히 지속될 수 있다. 따라서 고객 로열티 전략은 일시적인 전술이 아닌 장기적인 전략이며 진심 어린 보상임을 알고, 테스코는 업계 선구자로서의 역할을 훌륭히 모범적으로 수행하고 있다.

조선시대 거상 임상옥이 말한 '장사는 이문을 남기는 것이 아니라 사람을 남기는 것이다.'의 의미를 되새기며 '고객에게 먼저 의리와 신뢰를 쌓으면 나중에 이익으로 돌아온다.'라는 동양의 전통 사상으로서 전래되는 선의후리(先義後利)를 기억하고 실천해야 함을 보여준다. 고객의 마음속에 신뢰의 뿌리를 내려야만 지속적인 성장을 담보할 수 있다.

4. 차별화된 마켓 Whole Food

Whole Food는 프리미엄 슈퍼마켓으로 전문적인 유기능 식품을 취급하며, 철저한 품질주의로 고객 만족도를 높이는 한편 내부 고객인 직원들의 사기 진작을 위해 다양한 프로그램을 운영하고 직원과 고객 모두를 만족시키고 있다.

가끔 뉴저지에 위치한 마켓을 방문하면 청결하고 친절한 직원들의 서비스에 마음을 뺏기곤 한다. 가격은 기존 마켓보다 10~30% 정도 비싸지만 경쟁력이 있는 신선한 상품 구성과 세련된 매장으로 웰빙시대를 선도하는 마켓으로 사랑받으며 2010년 이후 지금까지 매년 12.5%대의 매출 성장을 이룩하고 있으며 2013년 기준 매출 100억$를 돌파하였다.

서비스 측면에서도 발군의 실력을 보이는 것은 직원이 행복해야 즐거운 마음으로 고객에게 봉사할 수 있다는 극히 자연적인 원칙을 잘 이행하고 있기 때문이다.

예를 들면 직원들이 타 점포 직원의 보상 데이터를 포함한 경영상 모든 데이터에 접근할 수 있도록 하며, 이를 통해 직원 간 상호 신뢰는 물론이고 매출 향상을 통한 이익 창출에 올인할 수 있도록 동기부여를 하고 있다. 이렇게 회사와 직원은 신뢰를 바탕으로 '상생을 위한 운명의 공동체'임을 전 직원이 인식하고 있다.

미국 내에서 존경과 사랑을 한 몸에 받고 있는 기업의 대명사로서, 가장 일하고 싶은 회사이자 친환경을 실천하는 이미지 좋은 기업으로서 평판이 좋을 뿐 아니라 사회적인 책임을 다하는 기업으로도 명성을 얻었다. 이것은 고객으로부터 사랑을 받을 만한 가치를 제공하는 회사에 대한 당연한 결과가 아닌가 생각된다.

▪ 3가지 Motto(모토)

1980년 창업자인 존 맥키는 텍사스에 1호점을 오픈한 이후 '건강한 음식, 건강한 사람, 건강한 지구'를 모토로 꾸준히 성장의 고삐를 늦추지 않고 있다.

1) 건강한 음식

이를 위해 판매 상품의 조건은 친환경적인 생산 방식과 최소한의 가공 과정을 거친 친환경적인 식료품 및 의류, 생활용품을 취급하며 건강에 위해로운 인공 첨가물, 방부제, 색소, 트랜스 지방 포함 식품, 유전자 변형 식품, 남획한 수산 식품, 잔인하게 도축된 육류 등을 판매 금지 상품으로 지정하여 취급을 철저히 배제하고 있다. 또한 유통 경로와 생산 과정이 담긴 글을 사진과 함께 전시하여 신뢰를 형성하며, 일부 매장은 신재생 에너지로 운영하고 있다. 포장지는 분해 소재 생포장지를 사용하고 있다. 비싼 가격대임에도 불구하고 성장세가 지속되는 것은 철저한 품질관리 덕분에 생긴 고객의 신뢰감이라는 뿌리가 자라난 것이라 생각된다.

2) 건강한 사람

2010년 Health starts here 운동을 전개하여 고객에게 균형 있는 식단과 레시피 등을 이메일로 제공하고 있다. 또한 건강한 식습관 만들기에 앞장서서 매장 내에 웰빙 푸드코트를 운영하며, 필자는 방문 시마다 이 웰빙 푸드코트가 고객으로부터 지대한 사랑을 받는 현장을 목격하곤 했다. 또한 무료 웰빙 요리교실 개최와 더불어 웰빙 케이터링(음식을 만들어 배달) 서비스 사업도 실시하고 있다.

1998년 이후 매년 포춘지 선정 '가장 일하고 싶은 기업' 100순위 안에 등재되고 있을 정도로 직원 복지에 각별히 신경을 쓴다. 직원들 간 호칭은 '팀 멤버'로 부르며 각 팀 멤버가 매장에 진열할 상품을 결정하고 성과에 따른 보상을 철저히 하며, 건강보험은 물론 은퇴 연금, 펀드 등 다양한 복지 혜택을 제공함으로써 회사를 위해 충성해야 할 동기부여를 잘 하고 있다.

3) 건강한 지구

미 환경청 '그린에너지 파트너'로 2004~2007년과 2010년에 선정되었으며, '건강한 사회 만들기'에 적극 앞장서고 있다. 이를 위해 지역 사회와 공존공생을 추구하며, 인근 지역 작물인 로컬 푸드 위주로 상품을 공급하고 영세 농민을 대상으로 하여 '저금리 대출 프로그램'을 지원하고 있다.

또한 '5% 데이'를 지정하여 당일 매출의 5%를 해당 지역 비영리단체에 기부하는 등 커뮤니티와 상생을 위한 노력을 게을리하지 않고 있으며, 끊임없이 유대 강화를 하고 있다.

위에서 거론한 3가지 모토를 바탕으로 소비자, 임직원, 공급자, 지역 사회가 'One team'이 되어 상생의 길을 지속적으로 달려오고 있다. 특히 1981년 대홍수로 텍사스 주 오스틴 매장이 큰 손실을 입자, 소비자와 임직원 및 공급자들이 복구 작업에 동참하여 피해에 대한 서로의 공감을 통하여 커뮤니티와 희로애락을 함께하는 동질감 형성에 불씨를 당겼다고 볼 수 있다.

기업이 커뮤니티와 고객으로부터 사랑받기 위해서는 안전한 먹거리를 위한 진심 어린 상품관리와 진정한 서비스 정신이 결합되어야 하며, 그래야만 '명품 기업, 명품 매장'이라는 품격 있는 훌륭한 이미지로 승화되는 것임을 다시 한 번 일깨워 주는 것이다.

전설적인 기업이나 식당으로 거론되며 고객들로부터 '듬뿍 사랑'을 한 몸에 받고 있는 기업들의 특징은 한 마디로 신뢰를 통한 성장이다.

신뢰를 쌓기 위해서는 시간을 두고 천천히 쌓아가는 것이며, 그중 고객과의 상호작용을 통한 교감은 영구 불변하는 신뢰 관계의 기초를 훨씬 더 돈독히 해줄 것이다. 그에 대한 노력이 부메랑이 되어 고객은 이에 대한 보답으로 신뢰를 향상시킨 귀사와 직원들의 노고에 고마움을 표할 것이다. 그러므로 향후 제품과 서비스에 대한 고객의 신의를 더욱 높여 이미지 제고 향상에 노력을 경주해야 할 것이다. 따라서 신뢰는 신의를 키우고, 신의는 고객 확보라

는 성장의 씨앗을 심고, 고객 확보는 성공으로 가는데 필요한 로열
티라는 열매를 맺게 할 것이다. 이를 통하여 경쟁력 확보는 물론,
탄탄대로로 위풍당당히 활보하는 장수 기업의 반열에 올라설 수
있게 된다는 것이 분명한 진리임을 밝혀 두는 바이다.